입사하고 싶은 꿈의 기업이 있나요?

글로벌 기업은 성적표를 보지 않는다

☆☆☆
상위 1% 기업에
입사한 14인의
생생한
취업 성공담

큐리아서티 프로젝트팀 지음

쌤앤파커스

청춘들이여, 더 넓은 세계로 오라

30년 가까이 인사쟁이로 일하면서 학벌보다 경험이 중요하고, 이론보다 실전이 중요하다는 것을 깨달았다. 내가 스펙을 따지기보다 실력을 검증해 인재를 채용하는 이유다. 세상이 바뀌는 걸 나름대로 예측해보고 그 과정에서 자신이 갈 만한 회사를 미리 찍어두어야 한다. 목표 의식을 가지고 있으면 가고 싶은 회사에 진짜 갈 수 있다. 여러분이 가려는 회사에 필요한 역량이 무엇인지 생각하고, 준비하는 시간을 벌어놔야 한다. 이 책이 그 시간을 앞당겨줄 것이다.

_황성현 (전)카카오 인사총괄 부사장, 구글 시니어 HR 비즈니스파트너

수많은 젊은이들의 가슴을 뛰게 했던 책《세계는 넓고 할일은 많다》를 아는가? 30여 년이 지난 지금 글로벌화, 인터넷, SNS 등으로 '세계는 좁고 정보는 많아졌다'. CP Team 글로벌 기업 현직 멘토들이 함께한 이 책을 통해 세상과 당당히 맞서려는 여러분, 생생한 현장 정보와 경험으로 만들어진 이 '나침반'을 보면서 후회 없는 커리어를 향해 나아가길 조언한다. 준비에 성공하는 사람만이 성공을 준비할 자격이 있기 때문이다.

_김형석 한국IBM 디지털사업부 전무

대기업에서 첫 직장 생활을 하고, 20여 년 이상 다양한 톱클래스 다국적 기업에서 근무한 선배의 입장에서 청년들을 볼 때마다 안타까움을 금할 길이 없었다. 커리어 여정을 국내로 한정 짓고 잘못된 정보에 겁먹어 글로벌 무대로의 도전을 멈춘 점에 먹먹함을 느꼈다. 이 책을 통해 CP Team 기라성 같은 멘토들의 진솔한 조언에 꼭 귀 기울여보기를 권한다!

_**한준기** IGM세계경영연구원 교수 (전)한국마이크로소프트, 이베이코리아, 라이나생명 인사총괄 임원

나는 《미생》에 나오는 종합 상사맨으로 30년간 사할린에서 시베리아를 거쳐 대서양과 지중해까지, 사하라로부터 아프리카의 검푸른 정글에 이르기까지 우리의 상권을 넓히며 오대양 육대주를 누볐다. 이 책은 대한민국을 대표하는 CP Team 멘토들의 냉철하고 뜨거운 조언들이 담겨 있다. 책 속 놀라운 에너지를 통해 여러분은 현재보다 훨씬 더 크고 높은 비전을 담대히 선언하게 될 것이며, 나의 길을 뒤따르게 될 것이라 확신한다. 글로벌 무대에서 도전과 결실의 역사를 써내려가리라 믿는다. 이제 여러분이 주인이다!

_**임덕정** 아덴그룹코리아 대표 (전)현대종합상사 파리지사장, 현대·기아차 프랑스 법인장

글로벌 기업에 당당히 출사표를 던지다!

아마존, 나이키, 아모레퍼시픽, 디즈니…, 최고의 기업에 입사하는 방법을 알려주셔서 감사합니다. 저도 충분히 도전해볼 수 있겠다는 생각이 들었어요. _ 서태중

취업에 대해 어떤 것을 준비해야 할지 막연했는데 정확하게 짚어주네요. _ 김성휘

이력서, 커버레터 작성에 도움이 되었고 전문성을 키워야 함을 알았습니다. _ 최영표

글로벌 기업이 원하는 인재상이 무엇인지를 알았습니다. 각 회사의 인재상과 개인의 니즈가 맞는 기업을 잘 찾아서 커리어를 만들어나가야겠다는 생각이 들었어요. 커리어 설계에 도움이 되었습니다. _ 양지택

글로벌 기업들의 직무별 특징, 갖춰야 할 스펙 등을 알 수 있었습니다. _ 조예림

외국계 취업에 대해 어렴풋하게 알고 있었지만 준비를 잘하고 있는지 확신이 없었는데요. 시원하게 하나하나 다 짚어 말해주셔서 좋았습니다. _ 김한슬

취업 준비에 틀이 잡힌 것 같습니다. _ 강주빈

구직의 방향성을 잡는 데 상당히 많은 도움이 되었습니다. 인생의 터닝 포인트가 될 것 같습니다. _ 장새롬

외국계 기업은 공채가 없다 보니 정보 습득이 어려웠는데요. 제가 가고 싶은 기업의 분위기를 알 수 있어 좋았고, 직무별·분야별로 준비해야 할 것들을 상세히 알게 되었어요. _ 조윤호

절박한 심정의 취준생에게는 정보 하나가 소중한데, 여기는 정보의 보고. _ 백지윤

현직자가 그 기업에 취업하기 위해 준비해온 과정을 솔직하게 말해주다니! 입사 프로세스, 스펙, 글로벌 기업이 원하는 인재 등 자세하게 소개해주어서 도움이 되었습니다. _ 김부경

현직자들이 쓴 책이라는 게 도움이 됩니다. 기업별로 더 많이 보는 자소서 항목이라든지, 면접 시 가장 중요하게 생각하는 점에 대해서는 현직자 아니면 알기 어려우니까요. _ 도선

지금 당장 채용되려면 어떤 역량을 쌓아야 하는지 알려줍니다. 영어를 뛰어나게 잘해야 취업할 수 있다고 생각해 일찌감치 포기하고 있었는데, 멘토들이 서류전형을 통과하는 영어 자격 수준에 대해서도 구체적으로 알려주어서 자신감이 생겼어요. _ 정선근

| 차례 |

PART 1 취업은 '확률의 법칙'이 적용되는 현실적 게임

PART 2

취업왕, 현직자가 귀띔해주는 '취업 비기'

PART 3

당장 입사하고 싶은 외국계 취업 Q&A

부록

나도 번듯한 데 취직했다!

'삼성' 입사와 '공시' 합격이
성공의 기준이라고?

나는 미국 텍사스주에 있는 대학교와 대학원에서 MBA를 공부한 후 20년간 일본 자동차회사 미국법인을 비롯해 다양한 곳에서 직장인, 사업가로 일했다. 귀국해서 코트라, 한국무역협회 등 공공기관에서 미국 시장과 관련된 강의를 했고, 현대, CJ, LS산전 등 국내 대기업의 미국 진출을 돕는 일을 했다. 여유 시간에는 한국산업인력공단 K-Move와 한국장학재단의 멘토로서 멘티들의 외국계 기업 취업을 돕는 봉사를 5년 가까이 하고 있다. 현재 홍익대에서 글로벌 기업 취업을 독려하는 교양수업 '직업과 취업'을 3년째 강의하고 있으며, 서울대, 고려대, 연세대 등 전국 약 30개 대학에서 글로벌 기업 관련 특강을 하고 있다.

내가 대학 특강을 나갈 때마다 학생들에게 이해하기 어려운 점이 있었다. 우리나라 학생들은 영어도 잘하고, IT 기술력도 뛰어나고, 글로벌 기업에서 중요하게 생각하는 리더십도 갖추고 있다. 그런데 학생들 대다수가 취업할 때 2가지에만 올인 했다. 삼성, 현대, LG 같은 국내 대기업에 목매거나 공무원 시험에 매진하는 것이다. 똑똑한 학생들이 왜 글로벌 무대로 진출할 생각을 하지 않는 것일까? 대기업과 공기업이 평생직장이라고 생각하는 친구들은 더욱 이해할 수 없었다.

우리나라 청년들과 비교해 미국 청년들이 구직하는 모습은 참 다르다. 미국에서는 고등학생 때부터 아르바이트 하는 것을 당연하게 생각하고, 대학교에 진학하면 인턴십 과정을 당연하게 생각한다. 그래서 대학을 졸업할 때가 되면 많은 '직무경험Work experience'을 통해 자신이 어떤 일을 하고 싶은지 잘 알고 있고, 중소기업이라도 자기가 원하는 분야라면 일을 시작하는 데 주저함이 없다. 첫 직장이 작은 기업이라도 내가 원하는 직무능력을 만들어서 더 나은 곳으로 이직하는 것을 당연하게 생각한다.

아마존, 나이키, IBM 등에서 일하는 직장인들은 신입사원으로 입사하는 것보다 이직을 통해 취업한 사례가 훨씬 많다. 국내 지사도 마찬가지다. 내가 아는 120명의 한국인 멘토와 미국에 사는 지인의 60% 이상이 상위 1% 기업에 이직을 통해 취업했다. 이들은 꿈의 기업에 취업한 후 매년 원하는 해외여행을 원 없이 다니고 전 세계에서 봉사활동을 하며 인생의 진정한 의미를 깨닫고 있다.

"대기업 말고 글로벌 기업이라는 새로운 가능성을 이제야 알게 됐어요."

"문과생이라 취업 길이 막막했는데… 취업 성공담을 듣고 나서 희망이 생겼어요!"

"강남의 취업 학원에서는 들을 수 없는 현실적인 취업 정보가 많았습니다."

대학에서 특강을 하고 나면 이런 피드백을 수없이 받았다. 어떤 학생은 인생이 바뀔 수 있는 질문을 하기도 했는데 내가 바쁘다는 핑계로 제대로 답해주지 못해 항상 마음에 걸렸다. 결국 한국에 온 지 1년이 지난 어느 날 결심했다. 대학생들에게 글로벌 기업에 대한 호기심을 불어넣고 현실적인 취업 가능성을 열어주는 재능기부 단체를 만들겠다고. 그렇게 '큐리아서티 프로젝트팀Curiosity Project Team(이하 CP Team)'이 탄생했다.

CP Team은 글로벌 기업 현직자와 해외 취업 경험자들이 청년들에게 취업에 대한 현실적인 정보를 제공하는 국내 최대 재능기부 커뮤니티다. 2015년 CP Team의 첫 멘토링은 역삼역 '동그라미재단'에서 2명의 멘토와 함께 시작했다. 레고Lego 코리아와 파크 하야트Park Hyatt 코리아에서 일하는 지인들, 나를 포함해 멘토 3명과 15명의 멘티가 조촐하게 시작했다. 그렇게 5년이 지나, 이 작은 프로젝트는 120명이 넘는 멘토와 1만 5,000명의 멘티들이 함께하는 국내 최대 취업 커뮤니티가 되었다.

구글, 아마존, 디즈니, 나이키, 마이크로소프트, 인텔, 지멘스, IBM, 쓰리엠, 유피에스, 존슨앤존슨 등 글로벌 기업의 한국법인에서 근무하는 120명의 멘토들은 지난 5년간 국회의사당에서 두 번, 전국 지자체, 대학, 기관에서 약 150여 차례 청년취업 콘서트를 열었다. 인천, 대전, 광주, 부산 시청과 손잡고 콘서트를 열기도 했고, 서울 강남구, 송파구, 서초구, 영등포구, 용산구, 마포구 등 8개 구청과 콘서트를 열었다. 대학교에서도 취업 콘서트에 대한 강연 문의가 끊임없었다. 연세대, 이화여대, 경희대, 단국대, 아주대, 인하대, 충남대, 제주대 등 국내 21개 대학에서 열린 취업 콘서트는 성황리에 마쳤다.

CP Team은 유능한 인재를 글로벌 기업에 추천하는 제도를 적극 활용하고 있다. 그래서 CP Team에서 봉사했던 약 200명의 스태프들 중 취업에 성공한 청년의 약 50% 이상이 인턴, 계약직, 정규직 등 다양한 형태로 글로벌 기업에 합격한 것도 이 제도가 중요한 역할을 했다. 그리고 이 멘티들이 다시 멘토로 돌아와 각 지자체 청년취업 콘서트에서 재능기부를 하는 선순환 구조가 형성됐다.

바쁜 현직자 멘토들과 대규모 행사를 진행하다 보면 한정된 예산과 시간 때문에 더 많은 정보를 전달하지 못하는 것이 안타까웠다. 거리가 멀어서 오지 못하는 학생들도 많았고, 이런 행사가 있다는 것을 알지 못해 뒤늦게 연락하는 학생들도 많았다. 그래서 멘토들과 함께 실제 취업 성공담과 취업 정보를 담은 책을 내기로 결심했다. 대한민국 취업준비생들이 선망하는 구글, 아마존, 디즈니, 쓰리엠, 나이키, 지멘스, 아모레퍼시픽, 피자헛, 써모피셔사이언티픽, CBRE, AB인베브(OB맥주), IBM, 아데코에 다니고 있는 현직자들과 함께 책을 쓰게 된 계기다.

학벌 좋고 능력 있는 친구들이 취업에 유리한 건 사실이다. 하지만 이 책을 읽고 나면 지방대 출신, 불만족스런 외모, 많은 나이, 직무와 맞지 않는 전공을 핑계로 여러분이 취업 시장에서 경쟁력이 떨어진다는 생각은 바뀔 것이다. 지방대 문과를 나와도 한국네슬레Nestle에 취직한 사례는 드문 일이 아니다.

글로벌 기업은 취업 성공의 가능성을 열어주는 가장 현실적인 방법이며, 그 가능성을 믿고 자신의 직무능력을 발전시킨다면 여러분도 성공 신화를 써내려갈 수 있다. 취업은 '확률의 법칙'이 적용되는 현실적인 게임이다. 취업을 앞둔 대학생들, 이직을 준비하는 직장인들이 이 책을 통해 현직자들의 노하우를 얻어 꿈의 기업에 도전하기를 바란다.

큐리아서티 프로젝트팀 대표 김조엘

PART 1

취업은 '확률의 법칙'이 적용되는 현실적 게임

구글, 페이스북만
글로벌 기업이라는 착각

"한국에 진출한 외국계 기업은 몇 개나 될까요?"

대학에서 강의할 때마다 학생들에게 물어보는데 보통 100개 정도라고 답한다. 구글, 나이키, 마이크로소프트, 소니, 아디다스, 델, IBM, 쓰리엠과 같은 유명한 글로벌 기업 이름을 최소 30개는 외우고 있기 때문이다. 그런데 실제로 한국무역협회에 등록된 외국계 기업의 법인 숫자를 알려주면 학생들이 깜짝 놀란다.

2019년을 기준으로 외국계 기업이 국내에 진출한 현황을 보면 총 12,339개 법인이 등록되어 있다. 외국인 투자법인 8,645개, 외국법인 국내지점 1,935개, 외국법인 연락사무소 1,759개를 합해 총 12,339개다. 영리 활동을 할 수 없는 연락사무소를 제외해도 약 10,580개 법인이 있고, 이 중에서 고용을 하지 않는 법인을 제외하더라도 현재 한국에서 청년들을 고용해서 비즈니스를 하는 외국계 기업이 예상보다 많다는 것을 알 수 있다. 그 많은 외국계 법인 중에서 어떤 기업이 여러분이 일할 가치가 있는 기업인지는 스스로 조사해봐야 한다.

한국에 진출한 글로벌 기업들은 매우 많지만, 사람들이 잘 모른다. 얼마 전까지만 해도 콘티넨탈 오토모티브Continental Automotive를 모르는 학생들이 많았다. 콘티넨탈은 현대모비스보다 큰 독일 자동차 부품회사이고 145년이라는 오랜 역사를 가졌으며, 2019년 기준 매출액 444억 유로(한화 약 58조 원)를 올린 거대 기업이다. 전 세계 50개국 269개 이상의 도시에서 17만여 명이 근무하고 있다. 현재 한국에서는 제조공장과 R&D시설 등에 많이 투자해 다양한 직무가 열려 있다. 특히 이 회사는 워라밸(Work and Life balance의 줄임말)이 좋기로 유명하고 연봉이 높다.

화웨이Huawei는 전 세계에서 5G 장비를 만드는 몇 개 안 되는 최고의 기술을 가진 전자회사다. 4년 전만 해도 학생들은 화웨이가 모조품을 만드는 중국 짝퉁 기업이라고 알고 있었다. 화웨이가 2018년 기준 전체 매출액이 7,212억 위안(한화 약 120조 4,400억 원)이고 전 세계 산업에 영향을 미치는 글로벌 기업이라고 얘기하자, 학생들이 놀라며 귀를 쫑긋 기울이기도 했다. 이런 글로벌 기업들은 한국에서 활발한 비즈니스 활동을 펼치며 인재 영입을 시도하고 있다.

남들 다 가고 싶어 하는 국내 대기업만 보지 말고, 안정적인 직장을 찾아 공무원 시험에만 매진하지 말고 글로벌 기업에 지원해 보는 것은 어떨까? 구글과 페이스북만 글로벌 기업이라는 편협한 생각에서 벗어나자. 전 세계를 무대로 하면 이 세상에는 무척 번듯한 직장이 많다. 이 세상에는 좋은 글로벌 기업들이 얼마나 많은지 자세히 알아보자.

이렇게 크고 좋은 회사를 몰랐다니!

관심 있는 기업의 규모를 파악하고 싶다면 '포춘 글로벌 500'(fortune.com/global500/)에서 찾아보자. 매출액 기준으로 기업들의 기본 정보를 찾아볼 수 있고, 다양한 필터 기능을 통해서 내가 원하는 기업 정보에 효율적으로 접근할 수 있다. 예를 들어 독일 글로벌 기업에 관심이 있다면 '포춘 글로벌 500' 사이트에 들어가 '국가/지역Country/Territory' 난에 'Germany'라고 검색하면 500대 기업 중 독일 기업의 정보를 정확히 볼 수 있다.

BMW, 지멘스처럼 잘 알려진 독일 기업과 취준생들은 잘 모르지만 세계 최대 화공기업인 바스프BASF, 자동차 부품 글로벌 기업인 콘티넨탈, 보쉬Bosch 그룹 등에 대해 현실적인 정보를 알 수 있다. 갑자기 이 기업들의 채용 공고가 올라오면 이 자료를 보고 이력서를 넣을지, 말지 생각해볼 수 있다. 그밖에 급성장한 회사라든지, 새롭게 글로벌 500대 기업에 오른 기업이라든지 내가 몰랐던 기업들의 정보를 찾아볼 수 있다.

또 다른 방법은 '구글'을 통해 글로벌 기업의 현재 이슈를 찾아볼 수 있다. 어떤 중요한 정보는 네이버에서는 검색되지 않지만 구글에서는 영문자료로 찾을 수 있다. 현직자에게 직접 연락해서 물어보는 것도 추천한다. 현직자만큼 그 기업을 잘 아는 사람도 없으니 말이다. CP Team이 4년간 전국 지자체와 진행하고 있는 글로벌 기업 취업 콘서트에 참여해 물어보거나 '잇다' 등 소셜 네트워크에서 현직자의 이메일을 찾아보거나 링크드인Linked in을 통해 현직자에게 직접 연락을 시도해보자.

국내 대기업 vs. 글로벌 기업, 어디가 좋을까?

한국에서 대기업을 다니는 고등학교 동창들을 만나면 정말 황당한 이야기를 듣곤 한다. 일주일 내내 야근과 회식을 했다는 전설 같은 이야기들 말이다. 지금은 국내 대기업들도 많이 변해서 글로벌 기업과 비슷하게 외적, 내적으로 바뀌고 있다. 그러나 외적으로 바뀌는 것, 예를 들어 직원들 간의 호칭을 매니저님, 프로님으로 부른다고 회사가 근본적으로 바뀌었다고 보는 사람은 많지 않을 것이다.

글로벌 기업의 임원은 거의 일반 사원처럼 일한다. 외국계 기업은 실적주의, 능력주의를 중요하게 생각해서 임원이라고 사원에게 모든 것을 시킬 수 없다. 숫자와 실적으로 보여주지 못하면 기업 내 경쟁에서 살아남을 수 없는 것을 당연하게 생각한다. 물론 글로벌 기업이 모든 면에서 국내 대기업보다 좋다는 말은 아니다.

	글로벌 기업	국내 대기업
급여	초반에는 대기업보다 낮을 수 있지만 성과에 따라 넘어설 확률이 높다	안정적인 연봉과 성과급이 있다
복지	높은 수준의 복지를 제공하는 기업이 많다	글로벌 기업보다 더 좋은 복지를 제공하는 곳이 많다. 둘 다 복지는 좋은 편이다
해외 진출과 이직	국내 기업보다 해외 진출과 이직의 확률이 높다. 하지만 해외 본사로 옮기기 위한 장벽이 매우 높다	무역 상사, 글로벌 영업 직무 등 특정 부서가 아니면 해외로의 진출이나 이직이 제한된다
업무	능력을 인정받으면 사내 부서 이동이 가능하다	업무가 바뀌는 경우는 많지 않다
조직문화	성과주의, 능력주의, 수평주의 조직문화를 가지고 있다. 직무에 많은 권한이 주어지고 의견 관철도 자유로운 편이다	회사문화와 철학을 전사적으로 따르게 한다. 최근에 수평적 조직문화로 변화하려고 노력 중이다

예를 들어 많은 청년들이 국내에 진출한 글로벌 기업의 연봉 수준이 해외 본사와 비슷할 거라고 생각한다. 그렇게 생각하고 입사했다가 연봉 정보를 보고 실망하는 경우를 많이 보았다. 글로벌 기업과 대기업의 차이는 위의 표와 같다.

겉으로 보이는 장단점이 뚜렷한 편이라 여러분의 성향에 맞는 쪽으로 선택하면 된다. 그러나 선택하기 전에 자기 자신에게 물어야 할 가장 중요한 질문은 '나는 무엇으로 성장할 것인가?'이다.

글로벌 기업 직장인은 대기업 직장인과 비교하여 '커리어 빌더Career Builder'로 성장할 가능성이 크다. 글로벌 기업에 다니는 직

	커리어 빌더	잡 시커
사고방식	모든 것이 배움의 터전이다	현 직장에서의 노동만이 절대적으로 가치 있다
업무 선택	커리어와 자기 발전에 도움이 될 일을 주도적으로 찾는다	기업의 '부속품'으로서 시키는 일을 처리하고 만족한다
난관 봉착	논리적 사고를 통해 난관의 해결책을 찾으려고 노력하고 그 프로세스에서 자신이 성장해야 할 부분을 파악한다	난관의 원인 분석에는 관심 없고 커리어에 해가 되지 않게 빨리 끝내려고 한다
업무 완료 후	처음 계획했던 성장을 이루었는지 평가해보고, 성공과 실패 이유를 분석한다. 이 분석을 다음 도전을 위한 자료로 이용한다	처음 예상되었던 이익과 경력을 얻었는지 확인하는 것이 가장 중요하고, 조직에서 대체 가능한 부속품으로 남는 것도 받아들인다

장인은 자신의 커리어를 자기가 원하는 대로 만들어가는 것이 쉬운 환경인 데 반해 대기업을 비롯한 국내 기업 직장인은 지정된 직무를 중심으로 발전하기 때문에 '잡 시커Job Seeker'에 머무르기 쉽다. 커리어 빌더와 잡 시커를 비교하면 위의 표와 같다.

성과와 능력을 중요시하는 글로벌 기업에서는 계속 배우고 발전해야 한다. 또한 자신의 커리어에 도움이 될 만한 일을 주도적으로 찾아 상사, 동료와 경쟁한다. 성과 중심의 기업문화가 결국 기업 전체를 발전시킨다. 반면 잡 시커는 어떠한가? 대기업의 경우 기업 전체가 견고하게 만들어진 기계와 같아서 직장인은 기계의 '부속품'으로 일정한 일을 한다. 개인의 의견은 높은 자리까지 닿지 못할 가능성이 크고, 회사는 직원이 부속품으로서 책임을 다하기를 원한다. 글로벌 기업에서는 서열과 크게 상관없이 '직무경험'이 중요한 평가 요소이고, 대기업에서는 경험이 많은 직원 또는 상부의 '명령'을 최우선적으로 생각한다.

자, 무엇으로 성장하겠는가?

한마디로 잡 시커로 커리어를 만드는 것은 봉사가 수많은 코끼리들의 다리만 계속 만져서 그 분야에 대해서 잘 아는 전문가로 발전하는 것에 비유된다. 커리어 빌더로 커리어를 만드는 것은 코끼리의 다리, 코, 귀를 만지고, 나아가 다른 종류의 코끼리도 만져본 후자신이 코끼리의 어느 부분에서 전문가인지 인지하고, 동물의 전체 모양을 상상할 수 있는 창조적 사고를 발전시키는 것이다. 즉, 글로벌 기업의 조직문화가 잡 시커보다 커리어 빌더로 성장하기좋은 환경이라는 점을 강조하고 싶다.

글로벌 기업은 간단하게 말해서 정글이다. 자신의 능력을 인정해주는 기업을 찾기 위해 계속해서 이직해야 할 때가 많다. 이직할 때 중요한 것은 바로 이전 직장의 평판 조회Reference Check다. 글로벌 기업에 다니는 사람들, 특히 IT 직종 근무자는 자신의 몸값을높이려는 시도를 많이 한다. CP Team 멘토 중에서 불과 10년의직장 생활 동안 구글, 오라클에서 일하다 현재는 30대의 젊은 나이에 IBM에 부장으로 승진해서 이직한 경우를 보았다. 이 분은 다양한 글로벌 기업에서 IT 기술자로서 몸담으며 자신의 가치를 높인 경우다. 불확실한 미래에 자신의 가치를 높이려면 여러분의 선택은 글로벌 기업이어야 한다. 대단한 사람들만 글로벌 기업에 취직하는 것 같은가? 평범한 사람들은 해당되지 않는 것 같다고? 페이지를 넘겨 살펴보자.

지방대 문과…,
테슬라 직원의 스펙이라고?

수많은 멘티들을 만나고 깨달은 것이 있다. 소위 SKY(서울대, 고려대, 연세대) 대학을 다니는 명문대 학생들이 뛰어난 인재들이라는 것은 자명하다. 하지만 확률적으로 이직이 잦고 기업에 대한 충성도가 다소 떨어지는 편이라서 어떤 기업 인사팀들은 SKY 출신들을 기피하기도 한다. 내 경험상 편입한 학생들의 취업 성공률이 높은 편이다. CP Team의 한 스태프는 부산에 있는 학교를 다니다 성균관대 화공학과에 편입해 원하는 기업에 취업했다. 원하는 대학을 가기 위해 계속해서 노력하는 이들은 자기 발전에 대한 욕구가 강한 편이다. 이런 친구들은 취업이 잘 될 확률이 높다. 내가 만났던 취업에 성공한 친구들 중에 학습해볼 만한 케이스를 나누면 다음과 같다.

CASE 1. 지방대학 어문학과 출신 K

K는 지방대 어문학과를 졸업해서 모든 서류전형에서 광탈('빛의 속도로 빠르게 탈락한다'는 의미)했다고 하소연했다. 그녀가 탈락한 진짜 원인은 학벌 때문이 아니고 '직무경험'이 없어서였다. 글로벌 기업에 취직하기 위해선 학벌, 학점, 영어 성적보다 직무경험이 더 중요하다. K는 여학생들이 기피한다는 영업직 인턴부터 시작했다.

외향적인 성격과 커뮤니케니션 능력을 최대한 살려서 영업 직무에서 좋은 성과를 냈고, 회사에서 능력을 인정받아 정규직으로 전환됐다. 그리고 입사한 지 얼마 안 돼서 유럽 최고의 글로벌 기업 지멘스에 정직원으로 입사했다. 그가 글로벌 기업에 들어갈 수 있었던 이유는 전 직장에서 쌓은 직무 경력과 경험에서 나오는 자신감, 그리고 직장 생활에서 얻은 전문 지식을 바탕으로 면접에서 능력을 보여준 덕분이었다.

CASE 2. 지방대학 기계공학과 출신 B

B는 지방 국립대학교에서 기계공학과를 졸업한 후 취업에 방향을 잡지 못했다. 여러 글로벌 기업에 정직원으로 지원했지만 서류와 면접전형에서 탈락하고 정신적으로 상당히 힘들어 했다. 나는 그

에게 글로벌 기업에 인턴으로 들어가는 것을 권유했다. B는 정규직 신입사원을 포기하고 내가 소개한 세계 최대 자동차 기업 테슬라에 인턴으로 들어갔다. 6개월간 인턴 생활을 마친 후 토요타에 정규직으로 합격했다. 토요타에는 학벌 좋은 인재들이 정말 많지만 이 친구는 그들이 갖지 못한 2가지 장점이 있었다. 바로 테슬라에서의 직무경험과 공대생이지만 영어를 잘한다는 것. 그가 토요타에 정규직으로 합격한 이유다.

CASE 3. 지방대학 언어학과 출신 P

P는 수도권 국립대학 언어학과를 나왔고 다양한 아르바이트 경험이 있었다. 러시아에서 진행된 현대자동차의 홍보 이벤트에서 통역 알바를 했다든지 다양한 경력들로 이력서를 채웠다. 그런데도 취업이 안 되자 NGO단체에 들어갔다. 작은 규모의 단체여서 8개월간 물건 포장, 통역, 마케팅, 기획 등 다양한 직무경험을 쌓았다.

그러다 테슬라에서 인턴을 뽑는다는 소식을 듣고 지원했다. 그는 테슬라가 찾는 인재상을 열심히 연구해서 자신의 다양한 경험과 장점인 커뮤니케이션 능력을 최대로 활용해서 인턴에 합격했다. 입사 후 다른 학벌 좋은 인턴들과의 경쟁에서 우수한 KPI(key Performance Indicator, 핵심성과지표)를 보여주었고, 마침내 정규직으로 전환에 성공했다.

테슬라는 현대자동차에서 일하다가 이직하려고 기회를 엿보는 직원이 많을 정도로 인기가 좋다. 수도권 대학 어문계열 학생이 테슬라에 정규직으로 취직하기란 현실적으로 어렵다. 그러나 다양한 직무경험으로 자동차 업계가 원하는 인재상에 맞게 준비해왔고, 조금이라도 취업 가능성을 높이는 인턴에 지원해서 열심히 일한 것이 그가 원하는 기업에 정규직으로 취직하게 된 비결이다.

CASE 4. SKY대 어문계열 출신 T

T는 SKY 대학 영문학과 출신으로, 미국에 한미대학생연수WEST 프로그램을 통해 인턴으로 첫 직장 생활을 시작했다. 좋은 학벌과 성실한 태도, 특히 새로운 것에 대한 도전정신으로 미국 최고의 장학 재단인 풀브라이트Full Bright에서 일할 때 미국 정치인들과 기부금 관련된 일로 연락하면서 다양한 경험을 쌓았다. 한국의 대학생 인턴이 얼마나 열심히 일했으면 미국 정부가 주관하는 장학사업 조직에서도 인정받고, 미국 상원의원들과 연락할 수 있었을까?

어느 날 갑자기 T가 나에게 전화를 걸어왔다. 구글에 면접을 보러 가야 하는데 꼭 만나달라고 청했다. 공교롭게도 그날 지방에 출장 가는 날이라 힘들다고 얘기했지만 꼭 도와달라고, 수서역까지 찾아온 그에게 약 50분 동안 면접 팁을 주었다. 구글 면접에서는 아깝게 탈락했지만, 결국 아마존 인턴에 합격했다. 인턴을 마친 후에도 다양한 글로벌 기업에 합격했는데 내가 강력하게 추천한 유럽 최고의 사이버 보안 기업인 다크 트레이스Dark Trace에 입사해 커리어를 쌓기 시작했다. 문과도 전공과 상관없이 '어떤 직무에 자신의 시간과 열정을 투자하느냐'에 따라 글로벌 IT기업에 취직할 수 있다는 것을 잘 보여주는 사례다.

"문과라서 죄송합니다."라는 뜻의 '문송합니다'라는 말을 들어본 적 있을 것이다. 취업 시장에서 이공계에 비해 홀대받는 문과 출신의 아픔이 묻어나는 말이다. '인문계의 90%가 논다.'는 뜻의 '인구론'이라는 신조어를 보아도 문과생의 취업난은 막막해서 눈물겨울 정도다. 그래서인지 CP Team을 찾아오는 멘티는 대부분 문과생들이다. 앞서 언급한 문과 출신의 케이스처럼 방향성을 잘 잡고 직무경험을 쌓은 친구들은 글로벌 기업으로 취직을 잘 하고 있다. 국내 대기업의 인사팀, 기획팀, 마케팅팀, 영업팀밖에는 답이 없다고 생각했던 문과생이라면 글로벌 기업 취업에 희망을 가져도 좋다.

이런 사람들이
글로벌 기업 취업에 성공한다!

글로벌 기업에 취업한 인재들은 다음과 같은 공통점이 있었다. 첫 번째, 직무경험이 있다. 지원한 직무를 해본 경험이 있는지, 경험이 없다고 하더라도 일을 해낼 수 있는 직무능력을 가지고 있는지가 중요하다. 내가 본 가장 안타까운 케이스는 토익 성적이 850점인 데, 방학 때 100점을 더 올리겠다고 학원을 다니며 시간을 낭비하는 친구들이다. 생각해보자. 구글, 나이키, 아마존, 페이스북의 기업 이력서에 토익 성적을 적어야 서류전형에서 통과될까? 글로벌 기업의 인사 담당자들은 사람을 뽑을 때 첫 번째로 '직무능력'을 파악한다고 입을 모아 말한다.

두 번째, 분석적 사고능력Analytical Thinking이 뛰어나고 논리적으로 표현을 잘한다. IBM, P&G 등 예외는 있지만 한국에 법인을 가지고 있는 글로벌 기업들은 적성검사를 안 보는 경우가 훨씬 많다. 대신에 지원자들이 얼마나 논리적으로 업무를 처리할 수 있는지, 문제를 얼마나 효율적으로 해결할 수 있는지를 중요하게 생각한다. 미국에 있는 글로벌 기업들은 면접에서 전공, 직무와 상관없이 이런 질문을 정말 자주 한다.

What's the difference between deep learning and machine learning and What's the definition of AI?(딥러닝과 머신러닝의 차이점은 무엇일까요? 그리고 AI의 정의는 뭐라고 생각하나요?)

면접자는 답변할 때 분석적 사고능력을 보여주어야 한다. 딥러닝, 머신러닝의 차이점과 AI의 정의를 구체적으로 설명할 수 있으면 경영학과, 어문계열 출신이라도 컴퓨터공학과를 나온 동료들과 함께 일할 수 있다. 면접전형에서 통과하는 팁을 주자면, 면접관의 질문에 논리적으로 답하기 위해서 숫자를 최대한 활용하고 구체적인 예시를 들어 논리적으로 말하는 것이 좋다. 가령 이런 답은 주목받기 어렵다. "저는 지난여름에 올리브영 매장 인턴을 통해서 영업 직무에 능력이 뛰어나다는 것을 깨달았습니다." 대답을 이렇게 바꿔보면 어떨까?

"저는 지난여름에 강남역 지하에 있는 올리브영 매장에서 3개월간 인턴을 통해 제가 영업 직무에 능력이 뛰어나다는 것을 깨달았습니다. 이 결론의 근거로는 첫째, 전체 7명 영업부서 인턴들과의 평가에서 첫 달에 1등, 두 번째 달에 2등, 세 번째 달에 1등을 해서 최종 1등으로 인턴 평가를 받았습니다. 둘째는 제가 담당하는 색조 화장품 섹션은 2월에 1월에 대비 35% 영업 매출 신장, 3월에는 2월 대비 15% 영업 매출 신장을 이루었습니다. 셋째로 제가 담당했던 색조 화장품의 평균 판매 가격이 2월에는 1월 대비 7% 높았고, 3월에는 2월 대비 5% 높았습니다. 이 데이터를 통해서 내린 결론은 제가 영업 직무에 능력이 있으며, 이에 더해 색조 화장품 브랜드 중 고가 브랜드 판매에 제 영업 스킬이 더 효과적으로 작용했다는 것입니다."

숫자를 이용해서 분석적 사고능력을 보여준다면 면접관들이 좋은 평가를 줄 가능성이 높다. 분석적 사고능력이란 상황을 대처하는 능력이다. 이 능력을 기르기 위해 적극 추천하는 것이 '코딩'이다. 문과생들도 기본적인 코딩 교육을 받으면 알고리즘을 통한 분석적 사고능력을 키우는 데 많은 도움을 받을 것이다. 현재 구글은 직무, 전공과 관계없이 간단한 코딩 문제를 내기도 한다.

세 번째, 면접장에서 면접관에게도 질문할 수 있을 정도의 도전정신을 가지고 있다. 좋은 질문은 면접관의 기억에 오래 남아 당락을 결정짓기도 한다. 예를 들어, 나의 멘티가 현대백화점의 캠퍼스 리쿠르팅 때 면접을 봤는데 용감하게 현대백화점의 최신 이슈에 대한 질문을 던졌다. 그랬더니 면접관 3명이 그 질문을 받고 무려 10분 동안이나 돌아가면서 대답해줬다고 한다. 서로 귓속말로 자신이 말하는 것을 확인하는 듯한 모습도 보여주었다고 했다. 이처럼 직무능력, 분석적 사고능력, 도전정신은 하루아침에 만들 수 있는 자질이 아니기에 구직 시장에서 더욱 높이 평가된다.

취업하기 위해 해야 할 일이 너무 많지 않은가! 학점 올리기, 공인 영어 점수 올리기, 자격증 따기, 인턴 경험 쌓기, 동아리 활동하기, 봉사활동하기…. 어느 것부터 준비해야 할지 감이 안 잡힌다면 우선순위 목록을 만들어 중요한 것부터 준비해보자. 무엇보다도 앞서 언급한 3가지 능력치를 끌어올리는 것을 우선적으로 해야 취업의 가능성을 높일 수 있다. 기억하자. 취업은 막연한 도전이 아니라 전략을 잘 짜야 하는 현실적인 게임이다.

당장 면접 보고 싶어지는 이력서, 커버레터 작성법

"영문 이력서와 커버레터Cover letter 는 어떻게 써야 하나요?"

이 질문에 정답은 없다. 그러나 내가 알려주는 팁을 듣고 서류 전형을 통과했거나 도움이 많이 됐다는 청년들이 많으므로 꽤나 유용한 정보가 될 것이다. 단, 국내 기업에 지원할 때는 적용되지 않을 수 있다는 점에 유의하고, 다른 현직자 멘토들의 조언을 함께 참고하면 더욱 효과적일 것이다. 먼저 영문 이력서부터 살펴보자.

영문 이력서에서 가장 중요한 섹션이 바로 '직장 경력Employ-ment'이다. 영문 이력서를 처음 쓰는 청년들이 '출신학교 항목'을 제일 위에 올리는데 아마추어 같다는 느낌만 줄 뿐이다. 인사 담당자 입장에서는 어떤 직무 경력이 있고, 얼마나 자세하게 직무능력을 표현하는지가 정말 중요하다. 그래서 모든 직무경험을 쓸 때는 기업명, 기간, 업무 포지션을 정확히 써야 한다. 지원자 중에서 인턴이나 직무경험이 짧은 경우에 포지션을 안 쓰는 경우가 있는데 'Associate(사원)'나 'Assistant(사원 또는 보조원)' 등 명확히 적는 것이 이력서의 기본이다. 여기에 자신이 수행한 프로젝트의 이름과 숫자, 연도 등을 함께 적으면 면접관에게 신뢰를 줄 수 있다.

직무경험과 관련 있는 대외활동, 수상경력 등은 쓰는 것이 좋다. 봉사활동 이력이 화려하거나 리더 활동을 많이 했다면 '커뮤니티 항목'에 구체적으로 어떤 활동을 했는지 적는다. 장점은 당연히 기술해야 한다. 공인 자격증 보유 여부 또는 영어 등 공인성적이 높으면 '기술 및 정보 항목'에 점수를 정확히 적어서 면접관이 원하는 특정 직무능력을 충족시킨다고 확인시키는 것이 좋다.

영문 이력서는 시각적으로 튀어 보이면 좋다. 최근 이력서를 검토할 때 AI 시스템을 도입하는 글로벌 기업이 늘고 있지만 아직도 대다수 글로벌 기업 인사 담당자들이 하루에 수십, 수백 통의 이력서를 직접 검토하고 있다. 인사 담당자의 눈에 띄려면 지원자의 이름을 빨간색 등 원색으로 표기하거나, 각 섹션을 빨간색 라인으로 확실히 구분 지어 면접관이 쉽게 읽을 수 있게 하는 것도 방법이다.

마지막으로 영문 이력서는 1장으로 끝내자. 신입으로 지원한다면, 하버드대학교를 졸업했거나 구글에서 일한 경력처럼 인상적인 경력들만 적어도 분량이 넘치는 게 아닌 경우 이력서는 1장으로 끝낸다. 어떤 인사 담당자가 이력서가 2장이 넘는 지원자가 있어 유심히 살펴보았다가 기대를 충족시키지 못해 시간 낭비했다는 생각에 짜증이 났다고 들었다. 인사팀은 지원자가 많을 때 이력서 1장을 보는 시간을 20초로 두고 등급별로 분류한 뒤 높은 레벨 이력서를 다시 검토하는 일이 흔하다.

합격자의 커버레터는 '이것'부터 다르다

커버레터, 즉 영문 자기소개서에 대해 알아보겠다. 커버레터를 쓰는 목적은 간단하다. 내가 왜 이 직무에 딱 맞는 사람인지 경험과 능력을 기술해서 보여주면 된다. 그런데 청년들이 국내 기업에 지원할 때 썼던 일반적인 자소서를 영어로 번역하는 실수를 한다. 커버레터는 서론을 2, 3줄만 쓰고 본론으로 들어가는 것이 좋다. 이력서에서 언급한 내용들, 특히 학교, 학과, 활동 내역은 생략하는 것이 좋으며, 개인적인 경험과 장점은 보통 3가지로 나누어서 사실관계, 날짜, 사람 이름 등을 구체적으로 적는다.

　잘 쓴 커버레터를 보면 자신이 왜 이 직무에 맞는 지원자인가를 기술할 때 숫자를 많이 이용한다. 예를 들어 지원자가 도전정신이 있다고 어필하고 싶다면 "서울에서 부산까지 467km를 7명의 친구들과 5일간 걸으면서 도전정신을 배웠다."고 쓰거나 "20년째 개최되고 있으며 전년 대비 34개 팀이 더 지원한 모 그룹 마케팅 공모전에 참여해서 380팀 중에서 5등을 했다."고 표현한다. 앞서 언급한 분석적 사고능력을 커버레터를 통해 보여주어야 한다. 하지만 다음과 같은 형식적인 문구는 쓰지 않도록 하자.

Having reviewed the job description, I believe I am the perfect candidate for the this position(직무기술서를 볼 때 제가 이 포지션에 완벽히 준비된 지원자라고 생각합니다).

I would appreciate the opportunity to discuss your needs and my qualifications in greater detail(회사가 요구하는 직무경험과 제 능력을 구체적으로 논의할 수 있는 기회를 주셔서 감사합니다).

You may contact me at the number or e-mail listed above. Thank you for your time and consideration, I look forward to hearing from you soon(언제든지 저에게 이메일과 전화로 연락해주세요. 제 커버레터를 봐주시고 고려해주셔서 감사드리고 조만간 좋은 소식 기다리겠습니다).

포지션에 맞는지 아닌지는 지원자가 아니라 커버레터를 읽어보는 면접관이 할 것이다. 그리고 지원자의 직무능력을 구체적으로 생각해보는 것도 면접관의 일이며, 굳이 언급하는 것은 지면 낭비다. 이 한 문장으로 대체하면 된다.

Thank you very much for considering my application(지원서를 검토해주서서 대단히 감사합니다).

I would desire to meet at an interview in the near future(가까운 미래에 면접에서 만나고 싶습니다).

커버레터 역시 1장으로 끝내자. 커버레터를 읽는 면접관은 대부분 한국인이다. 1장짜리 영문 커버레터를 읽는 데만 해도 시간이 꽤 걸릴 것이다. 인사 담당자에게 너무 많은 피로감을 주지 말고 커버레터가 한눈에 들어오게 쓰되, 개인적 경험과 능력이 쉽게 파악되고, 인상적인 결론으로 끝나면 좋은 커버레터다(단, 경력직으로 이직할 경우 1장을 넘겨도 된다).

인상적인 결론이란 무엇이냐고? 이 회사에 합격하게 된다는 가정 하에 3가지 계획 중 하나를 써보기를 추천한다. 회사에 구체적으로 어떻게 기여할지, 회사의 팀원들을 어떻게 도와 팀의 목표 완성에 기여할지, 자신 있게 수행할 수 있는 자신만의 특정 프로젝트를 소개해보자. 구체적인 계획은 면접관이 이 지원자를 합격시켜야 하는 이성적 이유가 될 것이다.

영어 실력이 부족해도
무조건 붙는 면접 스킬

"글로벌 기업을 준비할 때 가장 중요한 스펙이 무엇일까요?"

구직자들은 영어 실력이라고 대답한다. 물론 외국어 실력이 뛰어나서 외국인 상사와 자유롭게 의사소통할 수 있다면 합격에 큰 도움이 될 것이다. 하지만 이것만은 분명하다. "영어를 잘한다고 글로벌 기업의 합격을 보장받지는 못한다." 글로벌 기업이 원하는 외국어 능력 수준은 다음과 같다.

직무를 수행할 때 동료들과 의사소통하는 데 문제가 없을 정도의 영어 실력

내가 미국에 있을 때 같이 일했던 외국인 직원들, 특히 인도에

서 온 직원들과 영어로 대화하면 그들이 영어를 쓰는지, 힌디어를 쓰는지 알아듣기 힘들 정도로 발음이 안 좋았다. 그러나 인도 출신 동료들은 말할 때 주제를 확실히 정하고 간결하고 논리적으로 전달했기 때문에 발음이 안 좋아도 의사소통에 문제가 생긴 일이 없었다. 구글, 마이크로소프트 등 세계 최고의 IT기업 CEO들은 인도 출신이다!

내 경험상 영어 발음은 좋지만 논리적으로 말하지 못하는 아시아 출신 직원들이 오히려 업무 성과에서 더 뒤처지고 의사소통에 문제가 발생했다. 결론적으로 직무에 따라 요구하는 영어 수준이 다르기 때문에 자신이 지원하는 직무가 어느 정도의 영어 실력을 요구하는지 먼저 파악해야 한다. 그리고 면접 때는 발음이 안 좋아도 면접관이 이해하는 데 문제없도록 논리적으로 대답할 수 있는 정도의 영어 실력을 보이면 된다.

본사의 중요한 고객을 상대로 통화하는 직무를 맡는다면 당연히 원어민에 가까운 영어 실력이 요구된다. 하지만 엔지니어와 같이 영어를 적게 쓰는 직무라면 영어 면접이 그다지 어렵지 않다. CP Team의 한 공대생 스태프가 글로벌 기업의 영어 면접을 앞두고 걱정이 많았다. 4시간 동안 그룹별 영어 토론과 영어 PT를 진행한다고 했으니 떨릴 만도 하다. 그런데 막상 면접장에 가보니 다른 공대생 면접자들도 겁을 잔뜩 먹고 있다는 것을 느꼈다. 그 떨림은 면접장에서 고스란히 드러났다.

어떤 면접자는 영어로 토론하다 말고 갑자기 한국말로 해도 되냐고 면접관에게 물었다. 우리 스태프가 용기 내서 그룹 토론을 리드하고 다른 지원자보다 열심히 영어로 떠들었다고 한다. 면접 후 이 학생은 자기가 영어를 이렇게 잘하는 사람이었는가를 새삼 느꼈고, 다음 면접부터는 자신감이 붙었다고 한다. 영어가 모국어가 아닌 이상 누구나 영어 면접은 두렵다. 지원한 직무에서 요구하는 수준의 영어 실력만 갖췄다면 나머지 시간은 직무 역량 강화를 위해 투자하는 것이 현명하다.

코로나19 이후 '화상면접' 준비는 필수다!

2020년 코로나 바이러스는 글로벌 기업 취업의 표준을 바꾸었다. 가장 큰 변화는 대면으로 만나는 미팅과 면접이 한동안 불가능해지면서 온라인을 통한 화상면접으로 대체되었다는 것. 해외의 글로벌 기업들은 이미 채용 프로세스에 화상면접을 넣은 지 오래다. 그렇다면 어떻게 해야 화상면접을 잘 활용해서 취업에 성공할 수 있을까?

'아이 콘택트eye contact'와 '뚜렷한 목소리'가 중요하다. 면접자가 화상면접을 진행하면서 카메라를 쳐다보지 못하면 면접관에게 높은 신뢰를 줄 수 없다. 특히 목소리가 작으면 면접관들은 면접자의 대답을 잘 들으려고 온 신경을 집중해야 해서 쉽게 피로해진다. 그래서 크고 정확한 발음으로 답변해야 한다. 특히 영어로 대답할 때는 더욱 신경 써야 한다.

영어 발음을 너무 굴리지 말고 천천히 또박또박 말하자. 또한 의미 없는 말인 "You know what I am saying(제 말 무슨 뜻인지 아시죠?)", "I mean(제 말은요)." 등을 반복하지 말자.

화상면접의 장점 중 하나는 카메라 뒤에 중요한 키워드를 메모해둘 수 있다는 점이다. 당황했을 때 갑자기 생각 안 나는 중요한 단어를 참고할 수 있어서 안정감을 가지고 면접에 임할 수 있다. 단, AI면접을 볼 때는 주의한다. 시스템이 눈치 챌 수 있도록 설계되어 있다.

미국에서는 화상회의를 할 때 줌Zoom 시스템을 많이 사용한다. 줌의 기능 중에는 내가 보고 있는 화면을 다른 참가자들과 공유할 수 있는 기능, 즉 내가 원하는 사이트와 기사를 실시간으로 찾아서 같이 보면서 얘기할 수 있는 기능이 있다. 또 몇몇 참가자들을 소그룹으로 묶어 그룹의 참여자들끼리만 소통할 수 있는 대화 기능도 있다. 비대면 소통이 대면 소통만큼이나 효과적이진 않지만 점차 온라인과 오프라인의 경계가 무너지고 있는 것은 분명하다.

코로나19 이후에 CP Team의 모든 강연이 취소되자 화상 멘토링으로 대체했다. 2020년 2월 이후 대전광역시, 수원시, 송파구청 등 10개 지자체와 함께 줌을 이용해 특강, 패널 토론, 소그룹 멘토링을 진행했는데 참여한 취준생들의 만족도가 아주 높았다. 그뿐만 아니라 취준생들은 화상 소통을 자연스럽게 여긴다는 느낌을 받았다. 오히려 화상 소통에 매우 적극적이었다. 평소 질문을 잘 하지 않던 내성적인 친구들도 얼굴을 노출하지 않아도 되니 정말 많은 질문을 쏟아냈다. 1990년대 후반 이후에 출생한 Y세대가 화상 소통에 대해 이런 생각을 가지고 있다면 앞으로 기업에서도 화상으로 미팅을 하거나 면접을 진행할 가능성이 높다. 이미 해외 글로벌 기업들은 코로나19 사태 이전에도 화상 시스템을 이용했다는 점을 잊지 말자.

지금 당장 글로벌 기업을 노려야 하는 이유

"대표님, 제가 마이크로소프트에 합격했는데 가야 할지, 말아야 할지 잘 모르겠습니다."

한국에 온 지 얼마 안 됐을 때 멘티 중 한 명이 물었다. 처음에 무슨 말인지 이해가 잘 안 됐다. 마이크로소프트에서 일한다는 것은 최고의 시스템을 경험할 수 있는 엄청난 기회인데 무엇을 고민하는 걸까? 알고 보니 세계 최대 HR 리소싱기업인 아데코에서 파견직으로 한국마이크로소프트에 붙은 것이었다.

한국인들은 '파견직'에 대한 안 좋은 인식이 있기 때문에 이런 고민을 자주 한다. 그러나 마이크로소프트에서 일하는 사람의 절반 이상이 계약직, 인턴, 파견직이다. 비록 파견직이라도 정규직과 똑같은 ERP시스템을 운영하고 똑같은 프로젝트를 경험할 수 있다. 그리고 계약이 끝나더라도 이력서에 그 직무경험을 잘 녹여내면 다른 기업에 취업하는 데 확실히 도움이 된다. 국내 기업과 다르게 글로벌 기업에서는 채용 여건이 된다면 외부에서 새로운 인력을 채용하기보다 사내의 계약 직원을 정규직으로 전환시킬 가능성이 크다. 즉, 기업 인사팀과 부서는 함께 일한 경험이 있는, 능력이 증명된 사람을 0순위에 올릴 확률이 높다.

실제로 그런 케이스로 정직원이 된 사람들이 많다. 콘티넨탈에서 일하는 한 직원은 지방에 있는 작은 중소자동차 부품 기업에서 일하다가 이직했다. 동종 업계에서 일한 경험을 스토리텔링한 것이 경쟁자보다 유리하게 작용해서 합격했다고 한다. 존슨앤존슨은 인턴을 정직원으로 전환시키는 사례가 많다. 또 구글에서는 아데코의 파견직으로 몇 개월 일하다 정직원이 된 사례도 있다. 지금 중소기업에서 일하더라도 자신의 전문 분야에서 뛰어난 직무능력을 길러서 다른 경쟁자들과 차별성을 만들어두면 승산이 높다.

인적 네트워크를 활용하라, 내부 직원 추천제도

많은 취준생들이 인적 네트워크를 활용하지 못한다. 삼성, LG, 현대 등 국내 대기업에서는 사람을 뽑을 때 무엇보다도 기회의 평등, 공정성을 제일 중요하게 여긴다. 하지만 글로벌 기업에서는 채용

시스템에서 '검증'과 '효율성'을 중요시 여긴다. 그러다 보니 오래 전부터 내부 직원의 '추천채용' 제도를 많이 이용하고 있다. 내부 직원이 자신이 몸담은 기업에 적합하다고 생각하는 사람을 추천할 수 있다. 그러면 인사팀에서는 그 직원을 믿고 일반 채용과는 다른 프로세스로 지원자를 심사한다. 그 지원자가 최종합격이 되면 추천해준 직원에게 보너스를 주기도 한다.

글로벌 기업 멘토링 행사에 참여하면 현직자 멘토와 개인적인 네트워킹을 형성할 수 있다. CP Team이 지난 5년 동안 급성장할 수 있었던 것은 인적 네트워크가 바탕이 되었기 때문이다. 3명의 멘토와 15명의 멘티가 5년 만에 120여 명의 멘토와 1만 5,000명의 멘티로 규모가 확장된 것은 멘토와 멘티가 서로 열심히 끌어준 덕분이다. 4년간 약 50명의 재능기부 스태프들 역시 열심히 봉사하면서 이런 인적 네트워크를 통해 취업에 성공했다. 멘토들은 재능기부를 통해 인재를 발굴할 수 있었고, 글로벌 기업에 취직한 인재들은 다시 멘토가 되어 CP Team로 돌아와 멘티들을 끌어주는 순환 구조를 만들었다.

내게도 추천채용 제안이 자주 들어온다. 회계 프로그램을 다룰 줄 아는 사람, 통계 프로그램을 쓸 줄 아는 사람, HSK(외국인을 위한 중국어 시험) 6급 자격증이 있거나 토익이 920점 이상인 사람 등 특정 분야의 전문가를 찾기도 한다. 추천자의 입장에서 문과생이면서 통계나 회계 프로그램까지 다룰 줄 알면 상당히 경쟁력이 있다. 이과생들에게 전공 관련 자격증과 코딩 능력은 기본적인 체 크사항이고 거기에 영어까지 잘하면 기꺼이 추천할 수 있다. 이런 내부 직원 추천제도 등 인적 네트워크의 활용은 글로벌 기업 취업 에 성공할 수 있는 현실적인 방법이다. 취업은 아무리 운이 없어 도 계속 떨어질 수만은 없다. 내 능력을 필요로 하는 곳이 분명히 있다.

직장인들이여, 글로벌 기업의 문을 계속 두들겨라!

지난 5년 동안 CP Team이 전국에서 글로벌 기업 재능기부 콘서트 를 하면서 구글 폼으로 참가 신청을 받았는데, 참가자 중 직장인의 비율이 계속 늘어나고 있다. 국내 기업 신입사원(입사 18개월 이내)의 이직률은 대략 대기업이 15~25%, 중소기업이 25~40%라고 알려 져 있다. 다양한 이직 사유 중 '글로벌 기업, 해외로 진출하고 싶은 열망'이 항상 2, 3위를 차지한다. 여러분도 글로벌 기업으로의 이직 을 생각하고 있다면 다음의 조언이 도움이 되길 바란다.

첫째, 현재 일하고 있는 곳에서 직무를 최대한 활용하자. 일하 는 직무가 영업이면 어떤 고객, 어떤 벤더, 어떤 기업들을 상대로 영업했는지 이력서와 면접에서 어필해야 한다. 마케팅을 했으면 어떤 툴을 다룰 줄 아는지, 어떤 통계 프로그램을 썼는지, 어떤 채널을 통해 투자 대비 최고의 성과를 냈는지, R&D라면 어떤 프로젝트에 참가했고, 거기서 정확한 역할은 무엇이었는지 등등이다. 현재 다니고 있는 직장과 직무를 가치 있는 상품으로 만들어서 글로벌 기업 면접장에서 셀링하자. 현직자들만이 알 수 있는 용어를 사용하면 합격률이 높아진다.

둘째, 글로벌 기업에서 원하는 공통적인 직무능력에 시간과 돈을 투자하자. 어떤 직무든 상관없다. 글로벌 기업이 공통으로 원하는 기본 능력을 계속 발전시켜야 한다. 월급을 받아서 영어회화 학원비, 코딩 학원비에 투자하자. 글로벌 기업으로 이직을 원한다면 적어도 영어회화는 경쟁자보다 자신 있어야 할 것 아닌가! 직무와 상관없이 파이썬python 등 코딩 공부도 게을리하지 말아야 한다. 통계 프로그램과 구글 애널리틱스 역시 투자 가치가 많은 직무능력이라고 생각한다. 여러분이 여기에 투자하면 글로벌 기업 이직에 확실히 도움이 된다.

셋째, 내 경력을 다 인정받지 못해도 손해 본다고 생각하지 말고 도전하자. 외국계 기업의 인사 담당자들은 가끔 이런 이야기를 한다. 신입도 아니고 경력도 아닌 중고 신입들이 글로벌 기업에 지원을 많이 한다는 것이다. 그런데 이들이 경력직으로 인정해줄 정도로 전문 지식이 있는 것도 아닌데 오만한 친구들이 꽤 있다고 했다. 경력직으로 글로벌 기업에 도전했다가 떨어진 경험이 있다면 가슴에 손을 얹고 생각해보기 바란다.

실력이 있다면 당당히 경력으로 인정해달라고 요청하고 능력을 보여주자. 하지만 자신이 없다면 초심으로 돌아가서 취업을 시도하자. 작은 손해가 여러분을 원하는 기업에 합격시켜줄 수 있다. 어떻게? 옆에서 같이 면접 보는 취준생은 갖고 있지 않은 현실적인 업무 능력과 경험을 가지고 있으니 말이다. 신입 경쟁자의 좋은 학벌과 높은 영어 성적보다 더 강력한 무기를 쥔 셈이다.

나는 해외에 있는 글로벌 기업으로 취업을 준비하는 직장인들에게 꼭 미국, 영국, 중국에만 매달리지 말라고 한다. 글로벌 기업은 전 세계에서 비즈니스를 하고 있지 않은가! 구글에 들어가고 싶으면 꼭 미국을 가야 할까? 미국 구글에 입사하기 위한 벽은 굉장히 높다. 그렇다면 싱가포르에 있는 구글은 어떤가? 베트남에 있는 구글은? 제3국에 있는 글로벌 기업에서 경험을 쌓은 뒤 원하는 국가로 이직하는 경우도 많다.

나는 미국에서 일할 때 싱가포르에서 근무하다가 미국 지사로 들어오는 경우를 많이 보았다. CP Team 멘토 중 한국마이크로소프트에 입사하기 전에 동남아시아에서 근무하다 한국 지사로 이직한 경우도 있다. 글로벌 기업에 취업하기 위해서 지금 필요한 것은 글로벌 기업이 '어느 국가에 있는지'보다 글로벌 기업에서 인정하는 '직무경험을 만드는 것'임을 명심하자.

나에게 맞는 회사를 고르는
4단계

글로벌 기업을 선택했고, 그 기업이 나와 잘 맞을지 궁금하다면 다음을 단계별로 체크해보기 바란다. 첫째는 기업 분석이다. 가고 싶은 기업에 대해 얼마나 알고 있는가? A기업을 갈지, B기업을 갈지 선택해야 할 때 기업 분석이 정말 중요하다. 특히 외국계 기업은 정보에 한계가 있어서 여러 방면으로 알아보아야 한다. 앞서 언급한 기업 조사 방법을 참조해서 다음을 체크한다.

1. '포춘 글로벌 500'에서 자료를 얻는다.
2. 구글에서 기업의 현재 이슈에 대한 다양한 기사나 공개 기업 문서 등을 조사한다.
3. '잇다', 'CP Team' 등을 통해 현직자들에게 연락해서 직접

물어본다.

4. 링크드인, 피플앤잡Peoplenjob, 슈퍼루키Superookie, 글래스도어Glassdoor, 인디드Indeed 등 글로벌 기업 관련 전문 사이트에서 기업의 채용정보를 조사한다.

둘째는 직무 분석이다. '그 직무를 내가 할 수 있을까?', '원하는 직무인가?', '내 커리어를 발전시키는 데 도움이 될까?', '4차 산업혁명에서도 유망한 직무인가?' 등을 생각해봐야 한다. 단순히 회사가 주변으로부터 높게 평가된다는 이유만으로 평소 관심이 없었다거나, 능력이 안 되는 직무인데도 선택한다면 입사 후에 좋은 성과를 보여줄 수 없다. 내가 이 직무를 수행할 능력이 되는지, 직무 수행 능력도 현실적으로 확인해야 한다. '어떻게든 할 수 있겠지.'라는 안일한 생각으로 판단했다가 일주일 만에 퇴사한 경우도 봤다.

나의 수많은 멘티들이 인턴 경험 후 자기에게 적합한 직무를 찾게 됐다고 말한다. 글로벌 기업에서는 직무능력이 학벌, 학점, 영어 성적, 학회 활동보다 더 중요하다. 한마디로 글로벌 기업은 성적표를 보지 않는다. 국내 대기업은 신입 직원에게 다양한 교육을 통해 직무에 적응할 수 있게 체계적으로 도와주는데(이 부분은 국내 대기업의 정말 좋은 장점이다), 글로벌 기업은 HRD(인적 자원 개발) 기능이 약해서 신입사원을 직무에 바로 투입하는 경우가 대부분이다.

따라서 그 직무를 바로 수행할 사람을 채용하고 싶어 한다.

셋째는 현실적인 팩트 체크다. 회사의 위치, 연봉 등 팩트를 분석해야 한다. 삼성처럼 신입사원에게 연봉을 5,000만 원 이상 주는 것이 아니라면 몇 백만 원 차이 나는 연봉은 그다지 중요하지 않다. 경력을 쌓고 원하는 글로벌 기업으로 이직해 미래에 받게 될 연봉은 수천만 원, 수억 원이 될 수 있기 때문이다. 하지만 연봉이 여러분의 삶에 현실적으로 어떤 영향을 미치는지는 꼭 확인해야 한다. 집안이 경제적으로 어렵다면 연봉을 적게 받더라도 하루 빨리 일해야 하는 경우다.

또한 회사의 위치는 최대한 고려하는 것이 좋다. 거주 지역과 너무 멀다면 출퇴근에 많은 시간과 에너지를 소모하고 자기 발전의 시간이 줄어들 수밖에 없다. 얼마 전 바스프 현직자에게 들은 얘기다. 독일 최고의 기업에 대한 청년들의 지원이 엄청났지만 근무지가 지방 공업단지라는 것을 알고 합격 후 입사를 포기하는 경우도 있다고 했다.

넷째는 '이 직장이 3년, 5년, 10년 뒤에 내 커리어를 얼마나 높여줄 수 있을까?'에 대해 고민해야 한다. 기업의 인사 담당자들이 요즘 신입사원들이 툭하면 퇴사해서 걱정이라고 했다. 고액 연봉임에도 이직하는 신입사원도 많다. 이런 추세에 따르면 첫 번째 직장이 평생직장이 되지 않을 가능성이 높다. 그래서 3년, 5년 뒤에 이직할 때 현재의 직장과 직무가 당신에게 어떤 가치와 역할을 할지 냉정하게 판단해봐야 한다.

예를 들어 B기업이 A기업보다 연봉도 적고 힘들어 보이는데, B기업은 글로벌 기업으로 성장할 가능성이 있어 보인다. 3년 뒤에 이직할 때 글로벌 기업의 다양한 업무 경험이 도움이 될 수 있다면 B기업을 선택해야 한다. 첫 직장에서 받는 연봉보다 5년 뒤에 받는 연봉이 당신의 진짜 능력에 대한 평가다. 지금 당장 누릴 수 있는 좋은 환경보다는 '미래를 위한 직무경험'에 투자하기를 바란다. 5년 동안 다양한 경험을 쌓아서 가고 싶었던 글로벌 기업에 들어가면 된다. 그때는 억대 연봉을 받으며 이직할 수도 있다.

'나이가 많아서 도전하기에 너무 늦은 것 아닐까?'라고 생각하며 두려워하는 분들을 위해 꼭 하고 싶은 말이 있다. 인생 100세 시대에 늦은 결정이란 없다. 아메리칸 에어라인 항공사에서 일하는 85세 베티 내시Bette Nash를 아는가? 세계 최고령 승무원이 18세 승무원과 똑같이 일할 수 있는 여건이 되는 글로벌 기업에서 늦은 도전이란 없다.

PART 2

취업왕,
현직자가 귀띔해주는
'취업 비기'

4학년 1학기,
우선순위는 인턴? 학점? 무엇?

김관민, 세계 최대 글로벌 IT기업 G사 (전)다크 트레이스, 아마존

취업에는 수많은 전략이 있고, 그중에는 나만의 전략이 있어야 한다. '나'에게 가장 적합한 전략은 내가 어떤 사람인지, 나는 무엇을 좋아하는지, 어떤 일을 잘하는지 발견하는 것부터 시작해야 한다. 즉, 내가 즐겁게 일하며 기여할 수 있는 회사와 직무를 찾아야 한다. 성품과 성격, 그리고 내가 잘할 수 있는 재능을 중심으로 커리어 빌딩을 하려면 '일하는 곳'을 의미하는 직장job이 아니라 내가 행복하고 기쁘게 할 수 있는 일work과 역할role을 찾아야 한다. 여러분 스스로 다음의 질문을 해보자.

"지금 행복해? 무엇을 할 때 가장 행복해? 행복하지 않으면 그 이유는 뭘까?"

"새로운 사람을 만나는 것을 좋아해? 아는 사람만 만나는 것을 좋아해?”

"새로운 것을 해보기를 좋아해? 있던 것을 운영하고 관리하는 것을 좋아해?”

"실내에 있는 것을 좋아해? 외부활동을 좋아해?”

"사람들에게 무엇인가 전달하거나 말하는 것을 좋아해?”

"'이것만큼은 내가 정말 좋아하고 잘할 수 있어!' 하는 부분이 있다면 어떤 것일까?”

"절대 포기하고 싶지 않은 꿈이 뭐야? 너는 그 꿈을 어떻게 이루어가고 싶어?”

여러분이 어떤 사람인지 알았다면 이제 그 근거들을 가지고 내게 가장 잘 맞는 직무, 업계, 기업문화를 찾아보자. 사람을 만나는 것을 좋아한다면 사람을 많이 만나는 일이나 경험을 많이 해보는 것이 좋다. 무엇인가를 연구하고 문제 해결하는 것을 좋아한다면 연구에 필요한 지식과 경험을 쌓을 기회를 잡아야 한다. 특정 직무나 일을 하기 위해 꼭 필요한 자격증이 있다면 해당 자격증을 준비해야 한다. 여러분의 하루가 이러한 질문과 답변, 이를 이루기 위한 실질적인 실천으로 구성되어야 한다. 왜 이렇게 해야 하는지 외국계 기업의 형태와 채용 과정을 이해하면 알 수 있다. 이에 대해 설명하기에 앞서 우선 내게 맞는 직무를 찾아보자.

나 자신을 알기 위해 4년간 경험한 것들

나에게 맞는 직무를 찾는 과정은 나 자신을 알아가는 과정과 같았다. 나는 사람들에게 의사표현을 명확하게 한다고 생각했다. 가만히 앉아 있지 못하는 성격이고, 어떤 사람을 만나서 어떤 대화를 하고 어떤 일을 하면 좋을까를 늘 생각했다. 그래서 나는 사람을 만나서 결과를 내는 '경험주의자Empiricist'라고 결론 내렸다. 뭔가 열심히 해보고 싶고 경험을 갈망하고 있다면 '나를 나답게 하는 것', '내게 주어진 재능 혹은 장기를 다양하게 펼쳐보는 것'을 추천한다.

사람들이 알아주는 대외활동일 필요도 없다. '시작'하는 것이 중요하다. 모든 것을 스펙과 연관시켜 계산적으로 활동하기보다는 자신의 정체성과 비전에 좋은 거름이 될 수 있는 활동이라고 판단되면 시작하는 것이 좋다. 내가 대학생 때 했던 외부활동과 구직활동이 도움이 되기를 바라며 간략하게 정리해보았다. 여러분에게 적합한 것은 무엇인지 생각해보면 좋겠다.

| **1학년 1학기** 교내 영어카페 매니저로 일하며 다양한 문화권 친구들을 만났으며, 이를 근거로 문화와 언어의 지경을 넓혀갔다. 외국인 친구들과 소통하며 다른 생각, 다른 문화, 다른 언어를 알아가는 것이 좋았다.

| 1학년 2학기 영어카페 매니저로 활동했으며, 1학기 동안 체화體化한 영어와 외국문화를 토대로 인터내셔널 데이International Day와 같은 문화교류 행사를 기획 및 진행했다. 외국인 친구들과 영어로 대화하며 자연스럽게 영어에 대한 자신감이 생겨 영어 말하기 대회와 토론 대회에 출전해 최우수상과 우수상을 받았다.

| 2학년 1학기 사회 경험을 체계적으로 준비하기 위해서 직업에 대한 정보 수집과 해당 직업 및 직업의 우수 사례 즉, 멘토를 찾았다. 교내 경력개발센터에서 개설한 커리어 빌딩 수업을 수강하며 다양한 직업과 직무에서 성공한 멘토들을 만나며 실무자들의 현실적인 조언을 들었다. 내게 적합한 직업과 직무를 파악하기 위해 가장 도움이 되었던 것은 경력개발센터의 직무적합성 검사, MBTI 등이다.

| 2학년 2학기 영어회화 동아리를 만들어서 문화 교류 및 영어회화 관련 프로젝트를 진행했다. 또한 2학기 말과 방학 때는 본격적으로 인턴 기회를 찾았다. 교내 경력개발센터에서 얻은 채용 정보 및 멘토링이 도움이 되었다. 첫 번째 인턴은 강남구청에서 장학금을 받은 것에서 시작되었다. 당시 내가 가진 것은 높은 학점과 영어카페 매니저 경험이 전부였다. 최종 CEO 면접에서 받은 코멘트는 이와 같았다. "학점 관리도 성실하게 했고 할 수 있는 선에서 교내 활동도 열심히 했네요."

2, 3학년생에게 인사 담당자가 기대하는 것은 뛰어난 능력이나 스펙이 아니라 태도다. 그리고 태도는 증명되어야 한다. 학점은 대학교 생활 중 내가 얼마나 성실했는가를 직접적으로 보여주는 지표다. 공모전, 대외활동, 아르바이트, 여행 등 '목적이 있는' 모든 활동은 나만의 색이 있는 나만의 이야기를 그리는 과정이다. 이러한 이야기를 면접이나 자기소개서에 자연스럽게 표현할 수 있도록 준비하는 것이 중요하다. 현재 내가 할 수 있는 것을 성실하게 실천하며 내 삶의 가치를 향해 꾸준히 나아가는 사람에게 기회는 온다. 매일의 실천이 결국 매일 나를 성장시키기 때문이다.

1, 2학년 때 발견한 재능을 통해 고학년부터는 '사회 경험'을 시작해야 한다. 자신만의 강점을 사회생활에 적용해보며 자신이 행복하게 할 수 있는 일을 찾는 시기인 만큼, 이때는 재능 중심적 의사결정Gift-based decision making을 해야 한다. 다시 말해 '나'에 초점을 두고 차근차근 경험을 쌓으면 된다. 처음부터 기준이 너무 높거나, 준비 시간이 지나치게 소요되는 것보다 내가 원하는 직무와 관련된 경험을 하며 성장할 수 있겠다고 판단되는 인턴이나 직무경험을 시작해야 한다.

외국계 기업은 신입사원을 뽑을 때 직무와 관련된 실제 업무 경험을 중요하게 본다. 나는 1, 2학년 때 알게 된 선배나 멘토들의 조언을 참고해 인턴을 시작할 수 있었다. 따라서 자신과 유사한 커리어를 그리고 있거나 관심사가 비슷한 사람들과 꾸준하고 깊이 있게 교제하기를 적극 추천한다. 추가로 다양한 직무경험을 통해 자신에게 적합한 직무를 찾다 보면 자연스럽게 산업에 대한 탐구로 이어진다. 내가 좋아하는 직무를 찾은 후에는 나에게 어울리는 산업을 찾아보는 탐구도 함께 진행하면 더 명확한 커리어 빌딩을 할 수 있다.

| 3학년 1학기 모바일 게임회사 서비스 기획 및 마케팅 직무로 첫 인턴을 시작했다. 월, 화, 수에 수업을 듣고 목, 금에는 인턴을 했으며, 1학기 여름방학에도 인턴을 이어갔다(4개월). 실제로 사회 경험을 해보니 커리어 방향성에 미세하게 조정이 필요하다고 생각했다. 큰 프로젝트가 진행되는 조직에서 다양한 피드백을 받으며 직무에 대한 성찰을 할 수 있었고, 내가 상상했던 것과 현실의 간극을 이해하며 현실적인 커리어 관을 형성할 수 있었다. 한국장학재단 멘티로 활동하며 현실적인 조언을 해줄 수 있는 멘토를 찾아 꾸준히 멘토링을 받았다.

| 여름방학 인턴을 하면서 인천 아시안게임 조직위원회 소속 통역요원으로 활동했다. 회사에 양해를 구하고 인천공항 통역팀에서 일하며 다양한 문화권 사람들과 협업했다. 이를 통해 국제컨벤션 기획자에 관심이 생겼다. 한국PCO협회 주관 인턴십 프로그램에 지원해서 컨벤션 기획 회사에서 두 번째 인턴을 시작했다(3개월).

| 3학년 2학기 1학기 초부터 시작된 사회 경험을 통해 내가 경험주의자임을 깨닫고 학교에서 시간을 보내는 것보다 사회생활을 최대한 빨리 시작해서 현장에서 커리어 빌딩의 재료를 찾아가자는 결단을 내렸다. 국제학부 이중전공을 중도 포기하고 조기졸업을 목표로 학업 방향을 바꿨다. 이는 4학년 1학기에 보다 본격적으로 커리어 빌딩을 시작하기 위한 전환점이 되었다. 이중전공, 심화전공, 복수전공, 대학원, 직무경험 등 모든 선택과 경험은 '사회가 무엇을 더 인정해주느냐'가 아니라 삶의 목표와 방향성에 맞는 커리어 빌딩을 위한 선택이어야 한다.

| 4학년 1학기 조기졸업 요건을 충족했다. 글로벌 직무경험을 쌓기 위해 미국의 WEST프로그램을 통해 미국 정부기관에서 일할 수 있는 기회를 얻었다. 이를 통해 미국 국회의원, 아이비리그 대학교 교수님 등 글로벌 인사들과 협업하여 국제 행사를 기획 및 진행하였으며, 마케팅, 고객관리, 행사기획 등을 영어로 진행하며 글로벌 커리어를 만들어갔다(7개월).

대학교 4학년에는 대학 생활을 통해 배운 학문과 실제 사회에서 배운 직무경험을 토대로 방향성과 직무를 확고하게 결정해야 한다. 외국계 기업뿐만 아니라 많은 기업에서는 졸업하기 전에 예비 졸업생들을 위한 인턴십 프로그램을 진행한다. 따라서 최대한

빨리 졸업하기보다는 최대한 빨리 졸업 요건을 갖춘 후에 단기 인턴십 및 채용 연계형을 통해 충분히 커리어 빌딩을 한 다음 졸업하는 것이 좋다.

외국계 기업은 특히나 직무경험을 중시하기 때문에 최대한 직무경험을 쌓을 수 있는 시간을 확보하는 것이 중요하다. 이를 위해서는 1학년 때부터 학기 중에 학점을 잘 채우고, 재수강을 피하고, 인턴이나 특이한 사례가 없으면 계절 학기를 통해 전공이나 교양 수업을 미리 듣는 것을 추천한다. 실제로 4학년 때 좋은 정규직 전환 기회가 와도 학업이 마무리되지 않아서 기회를 놓치는 경우도 많다.

졸업을 최대한 늦추고 미국에서의 직무경험을 토대로 얻은 직무능력을 활용해 클라우드 IT 산업에 있는 외국계 기업에서 6개월간 일하며 국내에 있는 외국계 기업의 업무 스타일과 태도를 배웠다. 이 경험은 이후에 영국계 머신러닝 보안 회사의 영업 총괄로 일할 수 있는 기반이 되었다. 대학교 때부터 시작한 커리어 빌딩이 있었기 때문에 현재의 내가 존재할 수 있으며, 미래의 내 모습을 선명하게 그려나갈 수 있게 되었다.

나를 알았다면 '그들'을 알 차례!

외국계 기업은 본사가 외국에 있다. 그러면 왜 외국 기업이 한국에 왔을까? 영업 이익을 남기기 위해서다. 따라서 외국계 기업은 국내 기업보다 실적 중심적인 형태, 즉 영업 중심이기 때문에 각 직무의 전문가를 찾는다. 의무적으로 특정 인원을 채용해야 하는 할당량도 없을 뿐더러 회사의 영업 이익을 창출하기 위해 필요한 사람만 채용하면 된다.

상시채용의 장점과 단점은 명확하다. 단점은 언제 채용 공고가 올라올지 모른다는 것과 채용 인원 자체가 적다는 것이다. 장점은 정보를 제때 알고 지원한 사람들과만 경쟁해서 이기면 된다는 것이다. 국내 대기업처럼 수만 명이 경쟁하는 공개채용이 아니기 때문에 경쟁자 자체가 적을 수도 있으며, 외국계 기업은 '최고'가 아니라 '자격이 있으면' 채용하기 때문에 자신이 해당 포지션에 적합한 인재임을 증명하면 보다 수월하게 채용될 가능성이 높다.

외국계 기업은 글로벌 헤드헌터를 통해 채용하거나, 채용 플랫폼에 공고를 올리는 경우가 많다. 링크드인, 피플앤잡, 글래스도어, 슈퍼루키, 인디드 등이 많이 알려져 있다. 그렇다면 외국계 기업에 취업하는 비장의 카드는 무엇일까? 바로 '헤드헌터'다. 실제로 많은 외국계 중견 및 대기업들은 헤드헌터를 통해 채용한다. 헤드헌터는 외국계 기업과 파트너 관계이기 때문에 채용이 필요한 포지션이 나오면 기업의 입장에서는 헤드헌터에 의뢰하는 것이 인사팀을 별도로 운영하는 것보다 경제적이다.

헤드헌터는 플랫폼에서 얻을 수 없는 채용 정보까지 파악하고 있으며, 파트너 사가 원하는 것을 알고 최적의 전략을 구상하게 도와준다. 헤드헌터를 통해 입사하면 계약직이고, 최대 23개월까지만 일할 수 있다. 하지만 외국계 기업은 정규직이냐 비정규직이냐는 크게 중요하지 않다. 헤드헌터를 활용한 구직 활동은 '직무경험'을 쌓는 게 가장 큰 목적이다.

면접은 이미 '이력서'에서 시작되었다

외국계 기업의 면접은 이력서를 중심으로 진행된다. 인성 면접에나 나올 법한 돌발 질문보다 이력서에 의거해 실무를 얼마나 잘 해낼 수 있는지를 파악하기 위한 질문을 한다. 이력서에 자신이 어필하고자 하는 내용을 면접관이 관심을 가질 수 있게 작성하면 자신이 원하는 방향으로 면접을 이끌어갈 수 있다. 그러려면 채용 공고의 JD(Jop Description, 직무기술서)를 잘 분석해야 한다. 외국계 기업의 채용 공고에 JD가 구체적으로 안내되어 있는 이유다. 주로 직무, 역할, 자격 등에 대한 설명이며, 이것을 한 문장으로 정리하면 다음과 같다.

"우리 회사는 지금 A라는 업무를 해야 하고(직무), R이라는 일을 해줄 사람(역할)이 필요한데 혹시 이 정도 능력(자격)이 되는가?"

시험으로 대입하면 오픈북open book 테스트다. 서류전형과 면접에 나올 문제들은 이미 공개되어 있으며, 이력서에는 '상황(Situation), 과제(Task), 행동(Action), 결과(Result)' 순서대로 자신의 경험을 어필하면 된다. 이를 'STAR 기법'이라고 말한다. 이를 통해 내가 원하는 방향대로 면접을 설계할 수 있으며, 면접의 주도권을 가져올 수 있다. 방법은 간단하다. 지금부터 실제 채용 공고와 이에 따른 이력서, 면접 준비 예시를 살펴보자.

| Step 1. 채용 공고 분석 JD와 역할Responsibility, 자격Qualification에 나온 핵심 키워드를 분류한다. 인사 담당자와 실무자가 어떤 사람을 뽑고 싶은 것인지 섬세하게 분석할 수 있는 키워드를 도출한다. 다음은 채용 공고의 예시다.

Identify key business opportunities for the territory and manage toward a growth plan(해당 지역의 주요 비즈니스 기회를 파악하고 성장 계획을 관리한다).

Drive revenue and small market share in a defined sales territory(제한된 판매 지역에서 매출 및 소규모 시장 점유율을 증대하고자 한다).

해당 포지션을 채용하는 이유는 누군가 사업 기회를 발굴하고 이를 통해 비즈니스 이익을 체계적으로 관리할 사람이 필요하기 때문이다. 이력서를 쓸 때는 여러분이 이에 적합한 사람이라는 것을 증명하면 된다.

| Step 2. 이력서 작성 채용 공고의 키워드에 맞는 자신의 직무경험을 STAR 기법에 따라 분류해서 작성한다. 이력서의 구성과 분량 상 구체적으로 설명할 여유가 없을 것이다. 따라서 결과(Result)를 내기 위해서 어떤 일(Task)을 진행했는지(Action)를 중심으로 작성해야 한다.

이력서는 면접을 내가 원하는 방향으로 끌고 가기 위한 설계의 기초다. 막연하게 "특정 업무를 보조했다."가 아니라 실제로 그 과정에서 협업했던 팀이나 기관을 언급하거나 세부적인 숫자와 이를 표현할 수 있는 동사를 적극 활용해야 한다. 해당 업계와 직무에서 자주 사용되는 핵심 단어를 파악하기 위한 가장 쉽고도 효율적인 방법은 각 기업의 채용 공고를 분석하여 자주 사용되는 단어를 숙지해 이력서에 녹여내면 된다. 다음 예시를 참고해보자.

Developed new pipelines(40 sales and technical partners) of high value partners that would generate new sales lead(+250%), fulfill revenue goals(+150%) (Result) and virtuous circulation for stable deals by 1) analyzing the new regional market cooperating with top regional partners that have various experience and sharp insight on customers and the regional market, 2) managing quarterly partner roadshows by setting strategic business development plans for target market and customers, and 3) building up the partner management system to build enablement process that allowed partners to develop sales and technical proficiency. (Task&Action)

해석 (Task & Action) 새로운 지역 시장을 분석할 때 지역 고객 경험이 풍부하고 해당 시장과 고객에 대한 예리한 인사이트를 가진 파트너와 협업하는 것을 시작으로 분기별 파트너 로드쇼를 총괄하며 각 파트너사의 고객별 사업 계획을 디자인했습니다. 최종적으로 체계적인 파트너 관리 시스템을 구축해 파트너들의 영업적, 기술적 역량을 강화하여 (Result) 40개의 기술 및 영업 파이프라인을 구축했으며, 이를 통해 250%의 새로운 영업 기회를 창출하고 150%의 영업 실적을 냈습니다.

Made monthly revenue reports, dashboards and forecasts on 50,000+ startup and SMB accounts using Salesforce and proposed action items on the basis of MoM, YoY and revenue trends (Task&Action) which directly contributed to team performance of an average of 15 major wins every month. (Result)

해석 (Task & Action) 세일스포스를 사용하여 5만 개 이상의 스타트업 및 SMB 고객에 대한 월별 수익 보고서, 대시보드 및 조치 항목을 작성했으며 MoM, YoY 및 영업 실적에 대한 트렌드 분석을 통해 (Result) 매월 평균 15개의 팀 내 주요 영업 실적에 직접적으로 기여했습니다.

팁을 주자면 구체적인 수치, 기관명, 시기 등 자신의 경험에 대한 신뢰성을 높이는 표현들을 강조해야 한다.

Contributed in organizing greenfield campaigns which brought an average of 10 new sales leads every month with the full cooperation of KITA, KOTRA and Heyground.

해석 한국무역협회, 코트라, 헤이그라운드의 전폭적인 협력을 통해 매달 평균 10개의 새로운 영업 실적을 이끌어낸 그린필드 캠페인 구성에 기여했습니다.

또한 이력서 각 항목의 순서 정리는 면접관 입장에서 가장 궁금해 할 만한 부분부터 작성해야 한다. 직무경험 및 사회 경험, 자격증 혹은 주요 성취 사항, 교육 내용 순서로 작성하는 것이 좋다. 보통 출신학교 및 교육 내용을 가장 먼저 작성하는 경우가 많은데, 실제 채용에 결정적인 역할을 하는 실무 담당자는 직무경험에 관심이 가장 많기 때문에 이 순서로 이력서를 구성하는 것이 현명하다.

| Step 3. 면접 준비 해당 기업 및 면접관에 대한 구체적인 조사를 진행한 후 예상되는 질문을 도출하고 이에 대해 이력서 기반으로 면접 답변을 작성한다. 면접 질문에 답변할 때도 STAR 기법을 사용한다. 예는 다음과 같다.

"제가 A라는 회사에서 B라는 직무로 일했을 때 C라는 상황이 있었는데(Situation) 저는 이때 D라는 방법을(Task&Action) 통해 E라는 결과를(Result) 냈습니다. 이 과정을 통해 F의 역량을 키울 수 있었고, 이러한 역량은 이 회사에서 G라는 업무를 감당하는 것에 도움이 될 것이라 믿습니다. 현재 이 회사(지원하는 회사)는 마켓에서 H라는 강점을 가지고 있기 때문에 제가 이 업무를 담당하게 된다면 회사 유관 부서와 협업하여 H를 고객에게 어필하여 I라는 결과를 낼 수 있을 것입니다."

앞서 영문 이력서로 작성한 것을 바탕으로 면접 답변을 구성하면 다음과 같다.

When I was working in "Company" as "Position". I have managed SMB Market expansion projects because it was important for the team to discover new customers in various industries since the competing companies were catching up from day to day. Therefore, I first have closely analyzed the customers' business platforms and characteristics of Top 100 promising companies which would be a great clue for me to find out which IT solution would be suitable for the companies and industries. As I required detailed market and business analysis I have cooperated with the sales and business operation team which led me to customized data that would be appealing for the customer. At last, I have discussed expected architecture and issues that customers might face in launching the solution with the engineering team. By cooperating with related teams I was able to open new potential customers in untouched industries which brought a 200% increase in revenue.

해석 'XX 회사'에서 'OO 직위'로 일할 때 경쟁 회사가 매일 따라잡았기 때문에 팀이 다양한 산업 분야에서 새로운 고객을 찾는 것이 중요해 SMB 시장 확장 프로젝트를 관리했습니다. 먼저 100대 유망 기업의 고객 비즈니스 플랫폼과 특성을 면밀히 분석해 회사와 산업에 적합한 IT 솔루션을 찾는 게 큰 도움이 되었습니다. 시장 및 비즈니스 분석이 필요했기 때문에 영업 및 비즈니스 운영팀과 협력하여 고객에게 매력적인 맞춤형 데이터를 제공했습니다. 마지막으로 엔지니어

링팀과 함께 고객이 겪을 것으로 예상되는 아키텍처 및 문제에 대해 논의했습니다. 관련 팀과 협력하여 손길이 닿지 않은 산업에서 새로운 잠재 고객을 확보해 매출을 200% 늘렸습니다.

면접관은 입사하면 함께 일할 동료다. 그들의 고민을 함께 나누어 지금까지 자신의 경험을 토대로 해결책을 제시하는 것은 설령 그것이 조금 틀릴지라도 차별성을 보여줄 수 있다. 특히, 해당 직무에서 담당하게 될 업무에 대해 세부적으로 질문을 받았을 때 무조건 자신의 경험을 토대로 자신만의 결론을 내려 하기보다, 질문에 답변하기 위해 필요하다고 판단되는 주요 사항에 대해 면접관에게 다시 질문하는 것이 중요하다. 면접관의 조언을 받아 적을 수 있는 수첩과 펜을 준비해서 면접에 들어가면 좋다.

외국계 기업의 경우 대부분 1대1 실무자 면접이 진행된다. 실무자는 입사하면 함께할 사람이기 때문에 실무자 면접은 실제로 미팅에 참석해 업무를 진행하는 태도와 마인드로 준비해야 한다. 매니저와 회의를 진행할 때 수첩과 펜은 필수다. 이런 모습들이 면접관에게는 가점 요소다.

면접을 준비할 때 링크드인을 활용하면 좋다. 많은 외국계 기업 인사 담당자 및 헤드헌터들은 링크드인을 통해 인재를 발굴한다. 그래서 링크드인에 자신의 커리어를 오픈해두기도 한다. 즉, 자신이 지원하는 포지션을 링크드인에 조회해보거나, 면접관의 이름이 오픈되었을 경우 해당 면접관을 검색해보면 그 포지션이나 면접관에 대한 정보를 얻을 수 있다.

나는 면접관의 성향이나 면접관이 해당 업무를 진행할 때 어떤 부분을 중요하게 생각하는지 파악할 수 있었다. 이를 토대로 면접을 준비해 상당히 유리하게 진행했다. 실무 면접에서 만나게 되는 면접자의 평가가 입사 결정에 지대한 영향을 주기 때문에 그 사람의 성향과 공략법을 정확하게 파악하는 것은 최고의 면접 준비 전략이라 할 수 있다.

재능이 이끄는 삶, 목적이 이끄는 커리어

외국계 기업 취업에 성공하기 위한 팁들은 정말 많다. '채용 공고를 빨리 파악하고 가장 먼저 지원해야 한다.', '이력서와 면접은 이렇게 준비해야 한다.' 등 다양한 팁들이 오픈되어 있다. 하지만 가장 중요한 것은 자신의 재능을 정확히 알고 있는지, 자신만의 커리어 패스가 있는지, 외국계 기업을 준비하는 이유가 무엇이며 그 길의 의미를 아는지, 자신만의 전략을 가지고 추진력 있게 행동하는지가 중요하다.

이 모든 것은 잡 시커가 아니라 커리어 빌더가 되기 위한 과정이다. 인턴을 단 한 달을 하더라도 커리어 빌더는 배우는 게 많다.

현재 자신이 하고 있는 일을 통해 성장할 수 있는 기회를 꾸준히 모색하고 이를 위해 매일 노력하기 때문이다. 설령 인턴을 통해 반복적인 업무를 하더라도 커리어 빌더는 그 일조차도 자신의 커리어에 도움이 될 만한 지점을 찾아내서 시도하고 노력한다. 커리어 빌더에게 인턴은 이력서에 쓸 스펙 한 줄이 아니라 새로운 경험이자 도전이고 성장의 기회다.

야근할 때도 있고 피곤할 때도 있지만 모든 경험이 내 커리어에 영양분이 되고 있음을 느끼기 때문에 재미있다. 우리가 열심히 사는 것은 누군가의 인정을 받거나 연봉을 높이기 위해서만이 아니다. 힘든 경험도 즐길 수 있는 것은 커리어 패스에 초점을 둔 '목적 있는 경험'이기 때문임을 기억하자. 우리는 취업하기 위해 사는 것이 아니다. 여러분이 사는 목적을 상기하면 취업할 때 즐기며 나아갈 수 있다.

"저는 지방대학교 출신입니다."

김익수, 미국 최대 글로벌 물류&IT기업 A사

취업 멘토링에서 내가 지방대 출신이라고 하면 "카이스트 나오셨나요?"라고 물어본다. 나는 아니라고 대답하며, 자랑스럽게 말할 만한 스펙을 가지고 있지 않다고 덧붙여 말한다. 성적에 맞춰 지방에 있는 대학교와 전공을 선택했고, "4년제를 졸업하면 어딘가에는 취업할 수 있지 않을까?" 하는 안일한 생각으로 지냈다. 게임에 빠져 학교를 빼먹기도 일쑤였으니 성적표는 처참했다. 슬슬 미래가 불안해지기 시작했지만 상황을 극복하기 위한 노력은 하지 않았다.

아르바이트 경험도 경력인가요?

나는 공부에 뜻이 없었지만 바깥세상에서 일하는 것을 참 좋아했다. 나의 첫 아르바이트는 대형 아울렛 매장의 물류직이었다. 그 당시 최저 시급이 3,600원이었다. 팀장님은 우리에게 시간당 무려 3,800원을 줄 테니 열심히 일하라고 했다. 스무 살의 나에겐 충성을 바칠 만한 조건이었다. 일은 크게 어렵지 않았다.

매장에 필요한 물건이 있으면 지하 창고에서 매장으로 가져다주기만 하면 됐다. 문제는 그 물건들이 가구여서 한겨울에도 반팔을 입고 일해야 될 정도로 땀이 많이 났고 고됐다. 발바닥이 까져서 피가 맺힌 상태로 집에 가서 바로 잠들기가 일쑤였다. 그렇게 한 달을 일하고 80만 원을 받았다. 그렇게 힘들게 번 돈을 컴퓨터 산다고 하루 만에 다 썼다. 컴퓨터를 산 명분은 공부였지만 주로 게임하는 데 썼다.

두 번째로 기억에 남는 아르바이트는 대학병원 보안요원이었다. 야간에 응급실에서 근무할 때 생사를 오가는 사람들을 보는 게 편하지만은 않았다. 몸은 힘들지 않았지만 심적으로 많이 힘들었다. 어느 정도 일할 줄 알게 되었을 때 VIP 병동에서 근무를 섰다. 그곳은 병동이 아니라 호텔이었다. 병원의 가장 높은 곳에서 가장 좋은 전망과 함께, 한 사람이 지내는 곳이 우리 집보다 컸다. 돈이 인생의 전부가 될 순 없지만, 많으면 많을수록 좋다는 걸 그때 느껐다. 내 한 달 월급이 하루 입원비였으니 넓디넓은 병실을 바라볼 때마다 심란했다.

치킨 배달 일도 했다. 겁이 많은 편이라 오토바이를 빨리 몰지 못했다. 배달하면서 신호 다 지키고 차로만 이용하는 배달꾼은 내가 유일했을 것이다. 그 덕분에 큰 사고는 없었지만 늦는다고 욕을 많이 먹었다. 정말 화가 난 손님을 마주 할 땐 땅에 떨어진 현금을 주워야 했고, 빗길에 미끄러져 넘어지는 와중에도 나보다 14,000원짜리 치킨이 망가지지 않았을까 걱정했다. 내가 했던 알바들은 결국 이력서에 단 한 줄도 적지 못하는 아무것도 아닌 스펙들이다. 하지만 내 인생에서 중요한 교훈을 얻었다. 노동의 가치는 그 사람이 가지고 있는 능력에 비례하며, 그 능력은 한 번에 얻기 어렵고, 힘들수록 가치가 올라간다는 것을.

그저그런 스펙에서 그럭저럭 괜찮은 사람으로

군대를 전역하고 나서 위기의식을 느끼고 영어공부를 시작했다. 복학까지 몇 개월 정도 시간이 남았기에 영어학원에서 알바 자리를 구했다. 외국인 선생님들이 많은 학원으로 골랐다. 시급은 적었지만 공부하기에 더없이 좋은 환경이었다.

학원 일은 오후 1시부터 시작했다. 아침 시간을 이용하면 조금 더 효율적일 것 같았다. 그래서 강남에 영어 토익 새벽반을 끊어서 다니기 시작했다. 새벽 5시에 일어나서 준비하면 7시에 강남에 도착했다. 수업은 아침 10시에 끝나고 공부를 더 할 사람들은 스터디 그룹을 만들어서 11시까지 공부했다. 11시에 강남에서 집에 오면 12시 가까이 된다. 그때 편의점에서 컵라면과 김밥을 먹고 학원에 일하러 갔다.

그날 배웠던 것들을 매일 복습하고 정리했다. 모르는 게 있으면 주위에 있는 영어 선생님들에게 물어봤다. 업무도 크게 어렵지 않아서 대부분의 시간은 단어를 외우면서 보냈다. 학원 업무는 밤 11시에 끝나고 집에 가서 간단하게 예습하고 잠들면 새벽 1시 반 정도였다. 누가 나에게 영어 공부를 쉽게 하는 법 없냐고 물어보면 화가 난다. 나에겐 영어 공부가 너무나도 힘들고 어려웠기 때문이다. 우직하고 끈질기게 달려드는 길밖에는 없었다. 그 당시의 스케줄을 정리하면 이렇다.

5:00 기상

6:00~7:00 버스 탑승 및 학원 도착

7:00~12:00 영어 강의, 스터디

13:00~23:00 영어학원 아르바이트

24:00~1:00 영어 단어 암기

한 달을 공부하다 보니 슬슬 원어민 선생님들과 대화하고 싶어졌다. 영어를 읽고 듣는 것과 말하는 것은 천지차이였기에, 종이에 한 문장을 적고 수없이 되뇌었다.

"Do you want go to drink beer tonight?(오늘 밤에 맥주 한잔 하러 갈래?)"

어설픈 영어였다. 떨리고 긴장됐다. 거절하면 그다음 할 말을 미처 생각하지 못했는데 이미 말을 뱉은 뒤에 그걸 깨달았다.

"Sure Dude!(그럼 당연하지!)"

호탕한 영어교사였던 다니엘이 대답했다. 이후로 나는 외국인 선생님들을 참 많이 따라다녔다. 말은 하지 못해도 원어민들이 말하는 방식, 억양을 하나하나 새겨들으며 어울렸다. 얼마 지나지 않아 나도 그들과 간단한 대화를 할 수 있는 정도가 되었다. 바에 가서 그들과 함께 대화할 수 있다는 사실이 대견했다. 영어 성적도 대폭 향상됐다. 내 신발 사이즈보다 작던 토익 성적이 6개월 만에 800점대 후반으로 올라왔다. 공부하면서 성취감을 느껴본 적 없던 내가 가슴 한쪽이 찌릿할 정도로 쾌감이 몰려왔다. 처음으로 나 자신이 그럭저럭 괜찮은 사람 같다고 느껴졌다.

무스펙 취업에 성공하다

영어만 잘한다고 해서 취업할 순 없었다. IT 개발자, 엔지니어가 되고 싶었지만 자격증도 없었고 그렇다고 뛰어난 코딩 실력이 있는 것도 아니었다. 학사 경고를 받았던 나는 성적마저 엉망이었다. 남들은 이력서를 100개씩 넣었지만 나는 너무 게을렀고 자신감이 없었다. 어려운 일이 있으면 해결하려고 접근하기보단 적당히 타협하고 물러나는 게 나였다. 그래서인지 대기업은 쳐다보지도 않고 만만한 중소기업에 이력서를 넣었다. 누구든지 들어갈 수 있을 만한 회사에 안전하게 지원했다고 보면 된다.

그렇게 나의 첫 커리어는 국내 작은 중소기업에서 계약직 개발자로 시작했다. 그 회사는 프로젝트를 수주해서 진행하는 중이었고, 개발자들을 지원하면서 단순 코딩 혹은 서식을 입력하는 일을 시켰다. 이렇게 단순하고 쉬운 일에 많은 돈을 지급할 회사는 이 세상 어디에도 없다. 이 회사도 마찬가지였다. 하지만 월급을 생각하지 않기로 했다. 아르바이트를 하는 게 차라리 더 많이 벌수 있었지만 그래도 키보드를 만지면서 앞으로의 경력에 도움이 될 만한 일을 한다는 것에 의의를 두었다. 뭐라도 배워야겠다는 자세로 일에 집중했다. 그 모습을 좋게 봐준 원청 회사의 과장님이 어느 날 나에게 말을 걸었다. "열심히 하는 것 같은데 두 달 뒤에 있는 우리 회사 인턴 채용할 때 이력서를 내보는 게 어때?"

기회라고 생각했다. 프로젝트가 끝나자마자 그 회사를 그만 뒀다. 마음은 이미 깔끔한 정장에 넥타이를 매고 새로운 회사에 입사한 것 같았다. 하지만 면접 당일에 너무 긴장한 나머지 준비했던 자기소개를 다 잊어버렸다. 그때 면접관이 자기소개를 해보라고 했을 때의 나의 첫 마디가 아직도 기억난다.

"안녕하세요. 저는 분당에서 살고 있는 김익수라고 합니다."

내가 면접관이었다면 바로 탈락시키고 블랙리스트에 등록했을 법한 자기소개다. 이 용납할 수 없는 면접이 나를 좋게 봐줬던 과장님의 강력한 추천으로 통과됐다.

첫 번째 이직 그리고 첫 해외 프로젝트

결국엔 전 회사보다 규모가 더 큰 회사에 들어갔다. 의료정보시스템을 개발하고 운영하는 회사였다. 인턴 채용에 합격했다고 해서 끝난 것이 아니었다. 인턴 기간 중 성적과 과제를 통해 상위 50%만 채용되었다. 10명 중 5명은 3개월 후에 정규직으로 전환되지 못하면 집으로 돌아가야 했다.

동기들은 코딩 실력이 좋았다. 대학교에서도 다수의 프로젝트를 진행하고 있었고 알고 있는 것도 많았다. 그에 반해 내가 할 줄 아는 것은 3개월 동안 끄적거린 전자동의서 서식이 전부였다. 절

망적이었다. 그래도 힘들게 여기까지 왔는데 포기하고 싶진 않았다. 동기들은 5시에 퇴근할 때 나는 항상 텅 빈 회의실에 남아 공부를 더 하고 집에 돌아갔다. 그것만으로는 부족한 것 같아 인사팀의 허락을 받고 주말에 나와서 공부했다. 가끔 주말에 출근하는 직원이 있으면 기회라고 생각하고 질문을 퍼부었다. 과제를 진행하다가 막히는 코딩은 될 때까지 고치고 또 고쳤다. 학교에서 공부를 제대로 하지 않았던 나는 남들이 응용문제를 풀 때 기본기를 익혔다.

첫 달 성적이 꼴찌였던 내가 인턴을 수료할 때는 1등이었다. 부서를 우선적으로 선택할 수 있는 권한이 주어졌고, 나는 회사의 큰 전산실에 매료되어 시스템관리자의 길을 걷겠다고 말했다. 보통 시스템관리자 직무는 경력이 있는 엔지니어들이 주로 맡는 직책이었지만 나의 뜻은 확고했고 회사는 그런 나의 뜻을 받아주었다. 정직원으로 전환되고 한 달 동안 일하다가 갑작스럽게 이사님의 호출을 받았다. "너 영어 좀 한다며? 이번에 아부다비에서 엔지니어 2명 오는데 네가 회사 소개 한번 진행해 봐."

이제 본격적으로 일을 배운 지 고작 한 달인데 회사에 대해 설명할 수 있을 만큼 아는 게 없었다. 이때부터 선배들을 어마어마하게 괴롭히기 시작했다. 우리 회사의 의료정보시스템에 대한 개념과 구성부터 적용 사례까지 질문들을 끝없이 쏟아냈다. 선배들이 귀찮아하는 게 보였지만 어쩔 수가 없었다. 이사님이 그분들보다 직급이 높다. 우선순위는 정해졌으니 나는 최선을 다해 준비할 수

밖에 없었다.

회사 소개 자료를 준비하느라 몇 날 며칠 동안 밤 12시 이전에 퇴근한 적이 없었다. 누군가 나를 믿고 일을 맡긴다는 것 자체가 굉장히 큰 의미가 있었다. 그 사람들을 실망시키고 싶지 않았다. 이런 나의 노력이 헛되지 않았는지, 아부다비에서 온 엔지니어들은 굉장히 만족해했다. 그리고 회사에서는 나를 해외 프로젝트 팀에 넣어주었다.

입사한 지 얼마 되지도 않은 신입사원이 회사의 첫 해외 프로젝트의 일원으로 일한다는 것은 말이 안 되는 일이었다. 이렇게 나는 아부다비 최초의 한국형 건강검진센터 구축 프로젝트에 참여하게 되었다.

해외출장은 역시 폼이 났다. 내가 잘나가는 것처럼 느껴졌다. 중동 사막에서 일한다는 건 내가 봐도 멋진 일이었다. 하지만 그 느낌은 오래 가지 못했다. 빡빡한 일정을 소화해야 하는 프로젝트다 보니 생각보다 많이 힘들었다. 센터 공사 일정과 의료장비의 배송이 미뤄지는 상태였고, 의료와 보험체계가 우리나라와 다르다 보니 흡수해야 하는 정보의 양이 상상을 초월했다.

이렇게 취득한 정보를 팀에게 공유하고 설명해야 했다. 팀에서 영어를 유창하게 구사할 수 있는 사람은 나뿐이었기에 모든 회의와 문서 통역을 도맡아 했다. 일정을 소화하고 개발과 솔루션 영문화를 진행하던 나는 위염과 극심한 피로에 시달려야 했다. 아부다비는 금요일이 휴일이며 주 6일을 일하는 나라다. 주말에 쉬는 우리나라와 계속 소통해야 했던 나는 단 하루도 편하게 쉴 수가 없었다. 심지어 음식도 입에 안 맞았다. 쉬는 날이면 관광은 꿈도 못 꾸고 호텔에서 하루 종일 잘 정도였다.

스펙의 완성은 '제대로 질문하는 법'부터

프로젝트를 무사히 마쳤다. 덕분에 회사에서 많은 타이틀을 얻었다. '해외 프로젝트를 성공시켜 돌아온 신입사원', '연장 없이 일정을 딱 맞춘 슈퍼루키', '차세대 다크호스' 등등. 주위의 기대가 커지는 만큼 나도 그에 맞춰 성장하려고 노력했다. 과거의 나처럼 문제를 맞닥뜨리면 도망치는 게 아니라 온몸으로 맞닥뜨리기 시작했다.

회사에선 가만히 있어도 친절하게 다가와 일을 가르쳐줄 선배가 없다. 모든 회사가 그럴 것이다. 당시에 내가 많이 들었던 한 단어가 있었다. '어깨너머'. 선배들이 굳이 가르쳐주지 않아도 선배들의 어깨 넘어 알아서 배우라는 의미였다. 회사 생활을 하면서 나 자신을 발전시키기 위해선 선배들과 회사 자료들을 많이 이용해야 한다. 다만 선배들에게 내가 모르는 문제에 대한 질문을 하기 위해선 여러 가지 사전 체크가 필요하다.

1. 정말 모르는 건지 확인한다.

2. 관련 자료를 찾아본다.

3. 애매하면 비슷한 분야의 정보를 찾아 비교군을 만든다.

4. 해결하기 위해 시도해보고 거기에서 발생한 오류들을 정리한다.

5. 질문할 때는 간략하고 정확하게 한다.

"이런 문제가 발생해서 이런 시도를 해봤고, 관련 자료를 찾아봤는데 여전히 모르겠습니다. 자료에선 이렇게 처리하라고 했는데 선배님의 생각은 어떻습니까?" 끈질긴 질문 덕분에 나는 조금 부족하지만 굉장히 열심히 노력하고 미래가 기대되는 사원이 되어 있었다. 모르는 건 모르는 거지, 아는 척하지 않는 게 중요했던 것 같다. 일정 관리는 철저하게 했다.

협력사에서 매년 책상 달력을 줬는데 거기에 한두 글자 끄적이다 보니 멈출 수 없었다. 검은색 글씨로 한 달 동안 계획된 작업들을 적었고, 파란색 글씨로 내가 추가적으로 처리한 일들과 작업들을 기록했다. 빨간색 글씨로는 예상치 못했던 일들이나 장애 상황들을 적었다. 이렇게 달력을 정리하다 보니 내가 하는 일에 패턴이 생겼다. 패턴이 생기니 일의 효율이 올라갔고 효율이 올라다가 보니, 내가 하고 싶은 공부를 따로 할 시간이 생겼다.

공부를 하다 보니 증거가 될 만한 자료를 만들고 싶었다. 그래서 자격증을 취득하기 시작했다. 쉬운 자격증부터 시작했다. 하나를 취득하고 보니 뿌듯하고 동기부여가 됐다. 다른 자격증을 또 준비하기 시작했다. 이렇게 하나하나 따서 나중에는 사무실 파티션에 걸어놓을 공간이 부족하게 되었다. 참고로 자격증을 공부할 때는 영어 원서로만 했다. 영어를 쓸 환경이 아니었기에 나 스스로 환경을 만들어서 공부했다.

자격증을 공부하다 보니 실력이 엉성하게 늘어나는 느낌이었다. 대학 전공 서적들을 다시 펴서 보기 시작했다. 기본과 이론을 공부하면서 그동안 내가 얼마나 잘못된 공부를 하고 있었는지 깨달았다. 기본을 이해하면 응용하는 건 크게 어렵지 않았다. 전보다 지식을 습득하는 속도가 빨라졌으며, 무엇보다 공부하는 게 즐거웠다. 10년 전의 나였다면 절대 상상할 수 없는 모습이다. 그래서 이젠 항상 후배들에게 강조한다. 기본과 이론에 먼저 충실하고 그 다음 단계로 넘어가라고.

얕은 웅덩이에서 넓은 바다로

4년 반 동안 정말 열심히 일하고 또 공부했다. 나는 이제 다음 단계로 나아갈 준비가 됐다고 생각했다. 처음부터 이직을 위해서 공부했던 건 아니지만 더 큰 곳을 향한 열망은 계속해서 커져만 갔다.

나 스스로 준비되었다고 생각하니 지는 게임이라도 도전해보고 싶은 마음이 생겼다. 아마 내 인생에서 가장 큰 변화가 일어난 시기였던 것 같다. 클라우드 컴퓨팅이라는 분야를 접하고 나서 굉장히 흥미가 생겼고, 그 분야에서 최고의 회사는 A사였다.

내가 새로 둥지를 틀 곳은 최고여야 한다는 생각으로 많은 준비를 했다. 하루에 1시간은 무조건 클라우드에 대한 기사를 보거나 개념에 대해 공부했다. 인터넷으로 채용 과정에 대한 정보를 모으고 면접 질문에 대한 대비를 시작했다. 아쉬웠던 건 이렇게 준비해도 정보가 턱없이 부족했다. 외국계 회사의 채용 방식에 경험이 없던 나로서는 감히 예상하기도 힘들었다. 어설픈 영어 이력서와 자신감 하나로 지원했지만 최고의 회사는 문턱이 높았다. 최종 면접에서 고배를 마셨다.

다시 처음부터 시작했다. 회사가 원하는 인재상, 원하는 기술 수준과 영어 실력까지 모든 걸 디테일하게 파고들어가기 시작했다. A사의 14가지 리더십 원칙부터 클라우드 컴퓨팅의 개념, 그리고 지금 현재 내가 몸을 담고 있는 인프라, 서버, 운영체제에 대한 지식까지. 1년 뒤에 다시 이력서를 냈고 합격했다. 기쁨의 눈물이란 걸 그때 처음 흘려봤다. 나 자신이 썩 괜찮은 사람이라고 느껴졌다.

나는 여러분들에게 자그마한 희망이 되고 싶다. 누가 봐도 별볼일 없던 내가 지금은 남들이 인정할 만한 곳에서 즐거운 회사 생활을 하고 있다. 시작이 서툴고 어설퍼도 그걸 만회할 수 있는 시간이 우리에겐 충분하다. 내가 이런 말을 하게 될 줄은 몰랐지만, 노력은 결코 배신하지 않는다. 내가 겪어왔던 이직 과정은 정말로 힘들고 어려웠다. 중간에 주저앉았으면 아마 이렇게 글을 쓰지 못했을 것이다. 나의 성공담은 앞으로 모든 어려움을 털어내고 일어설 여러분이 써나갈 이야기가 되리라 믿는다.

인사 담당자가 주목하는
이력서 작성법

김지윤, 세계 최대 글로벌 미디어기업 D사 (전)한솔섬유

총 70개 회사에 지원했다. 그중 3개 회사에서 인적성 시험을 봤고 8개 회사에서 면접을 봤으며 두 군데에 최종 합격했다. 인적성 검사에서는 모두 탈락했으니 서류전형에서 면접전형까지의 합격률은 11%이고, 최종 합격률은 2%다. 하버드 대학 합격률인 5.8%보다 낮은 확률이다.

인적성 검사는 내게 난관이었다. 살면서 노력만으로 안 되는 것이 있다는 생각이 처음으로 들었다. 인적성 검사는 다수의 뛰어난 사람들이 동시에 응시하니 점수가 특출해야 간신히 통과했다. 인적성 검사를 잘 보는 머리가 따로 있는 것인지, 붙는 친구들은 여러 개 붙고 나는 계속 탈락했다. 여기서 고배를 마신 후 현실을 인정하고 인적성 검사가 없는 회사에만 매진했다. 그중에서도 규모가 크고 괜찮은 회사들이 많으니 꼭 대기업에서 시작하지 않았다고 좌절할 필요는 없다.

'회사가 보는 나'와 '내가 보는 나'

나는 해외 거주 경험이 있어 영어를 비교적 쉽게 배웠고 통역 경험이 많았다. 그래서 영어를 많이 쓰는 업무를 해보자는 목표를 세웠다. 그러다 보니 눈에 들어오는 직무가 해외영업, 말 그대로 외국어가 핵심역량일 테니 나와 잘 맞겠다고 생각했다. 그런데 해외영업으로 지원한 회사는 다 떨어졌다. 영어에 나름 자신이 있었는데 그 이유가 너무 궁금해 직무 공부를 해봤더니 영업은 내가 생각한 것과는 다른 직무였다. 해외 바이어와 소통하기 위해 영어 실력도 중요하지만 그보다 '설득력'이 더 중요했다. 우리 회사의 제품을 고객이 꼭 써야 하는 이유를 설명하는 것이 주 업무이므로 논리력이 더 중요했고, 영어는 그 말을 전달하는 수단에 불과했다.

신입사원이 영어를 쓸 기회는 많지 않지만, 그래도 특기를 살릴 직무를 찾아보니 구매와 소싱팀이 있었다. 이 직무는 우리나라의 제조업 회사라면 반드시 있다. 주된 업무는 여러 국가에서 원부자재를 발주하고 구매하는 것으로, 기본적으로 영어 서류를 많이 보고 메일링을 잘 할 줄 알아야 했다. 이렇게 직무 공부를 통해 직무를 변경하고 다시 자기소개서를 냈더니 해당 직무는 서류가 모두 통과되었고 면접 중 6개가 모두 이 직무에 대한 것이었다.

직무 공부를 할 때는 현직자 멘토링이 도움이 많이 되었다. 같은 영업직이라도 회사마다 다르니 여러 회사의 같은 직군에 계신 분들에게 이야기를 듣다 보면 산업과 회사에 대해 서서히 이해될 것이다. 그리고 평소 직무 공부를 하다가 궁금한 사항, 회사 생활에 대한 궁금한 사항을 멘토들에게 꼭 물어보라. 인터넷을 백 날 보는 것보다 현직자에게 하는 한 개의 질문이 훨씬 유용하고 도움이 된다.

직무를 공부하는 또 다른 방법은 자습이다. 신입 단계에서 알아야 할 직무 공부는 사실 깊지 않기 때문에 정보의 정확성보다는 노력의 정도를 보여주는 것이 더 중요하다. 포털 사이트에서 해당 직무를 검색한 후 100쪽이 넘는 글을 A4용지에 손으로 적어 정리하고 외웠다. 회사를 홍보하기 위한 목적의 글 또는 현직자가 취미 삼아 일기처럼 일에 대해 적어놓은 것들이 대부분인데, 어떤 종류의 글이든 상관하지 않았다. 모든 정보를 수집하고 정리해서 외우다 보면 면접에서 나의 답변이 훨씬 풍부해지고 다른 지원자와 차별화될 수 있다. 직무 공부 자체를 너무 어렵게 생각할 필요는 없다.

취업의 삼위일체: 멘토링, 자소서 첨삭, 인턴

자소서를 쓸 때 어떻게 차별화를 둘지 고민했다. 보통은 경험으로 차별화를 두자고 생각한다. '조금이라도 특이한 경험이나 남들이 안 해본 경험을 하면 조금 더 눈에 띄지 않을까?' 하는 생각으로 말이다. 그런데 회사 입장에서 일을 잘 할 사람을 뽑는 것이지 오디션을 보는 것이 아니다. 그리고 히말라야를 등반한 정도의 경험이 아니면 사실 요즘 친구들은 웬만한 경험을 다 해본 것 같다.

마구 어질러져 있는 방을 상상해보자. 옷가지, 가방, 휴지, 거울…. 물도 쏟아졌다. 그런데 그 방에 셔츠 한 벌이 반듯하게 접혀 침대 위에 놓여 있다. 방에 들어서자마자 어떤 것부터 보일까? 나는 가지런한 셔츠 한 벌 같은 자소서를 써보기로 했다. 실무자가 매일 보는 형식의 글처럼 자소서를 쓰는 것이다.

엘리베이터 앞에 걸려 있는 안전 수칙, 동사무소에 가면 붙어 있는 안내문, 노트북을 사면 끼워주는 사용설명서. 이러한 글을 평소에는 잘 안 쓰지만 일할 때는 무척 많이 쓴다. 특징은 가독성이 좋으며 요점만 적혀 있다. 취준생의 입장에선 어색하고 딱딱한 말투지만 일할 때 90% 이상은 그러한 형태로 글을 쓰고 주고받는다. 한마디로 이런 글을 많이 보고 자소서에 응용해야 인사 담당자들의 눈에 들어온다는 말이다. 실제 합격 자소서를 예로 들어보겠다.

꼼꼼한 것이 장점입니다

일례로 코트라 인턴을 할 때 일했던 부서는 유료로 해외 시장조사 서비스를 제공하던 곳이었습니다. 대부분의 신청 기업이 중소기업이었기에 지방자치단체에서 지원금이 보조적으로 지급되었고 저는 충청도 지역 예산을 담당하게 되었습니다. 세금으로 이루어진 예산 5,000만 원의 투명성이 매우 중요했기에 지방자치단체에 보낼 별도의 지출 내역 엑셀 파일을 따로 만들어서 매번 새로운 정보를 입력해야 했습니다.

이에 저는 처음에 정보를 입력하는 순간부터 신중하고 꼼꼼히 함으로써 실수를 방지했고 하루의 시작과 끝을 입력한 정보를 정확히 확인하는 것으로 시작하고 끝내곤 하였습니다. 그 결과, 단 한 번도 예산 내역에 대한 오류가 발생하지 않았고 꼼꼼한 일 처리에 대해 충청도 담당자로부터 감사 서한을 받을 수 있었습니다.

'XX 회사'의 'OO 직'은 납기일에 맞춰서 돌아가는 일이라고 생각합니다. 정해진 날짜에 시제품을 만들어서 발송하는 것도 중요하지만 바이어가 요구한 스펙에 맞추어 정확히 재단하는 일도 못지않게 중요하다고 생각합니다. 실수 없이 일을 처리하는 꼼꼼함은 바이어의 주문서 1장을 빈틈없이 그대로 샘플로 구현시키는 것에 큰 도움을 줄 것이라고 생각합니다.

수많은 자소서를 읽으면서 피곤에 지친 인사 담당자의 눈에 띄려면 글이 간결하고 메시지가 정확해야 한다. 예처럼 질문에 대한 답변을 한 단어 또는 짧은 문장으로 표현한 후 흥미를 돋우기 위해 바로 일례로 들어간다. 그다음 내가 했던 일, 그리고 성과를 나열하는데 성과의 크기는 중요하지 않다. 어떤 것이던 전보다 나아졌으면 충분하다. 여기서 끝내선 안 되고 직무 공부를 통해 파악한 핵심역량과 연결 지어야 한다. 이 직무가 내가 해냈던 일과 밀접한 관련이 있으며, 같은 업무를 선행해봤기 때문에 해당 직무에 내가 적합하다는 말로 반드시 끝맺음을 해야 한다.

여기서 가장 중요한 것은 내가 한 일 그 자체에 대해선 최대한 짧게 쓰고 그 경험을 통해 내 역량을 실제로 어떻게 업무에 적용했는지, 더 나아가서 회사에 내가 얼마나 쓸모 있는 사람인지를 어필하는 것이다. 구직자들의 이력서를 첨삭하다 보면 많은 분들이 본인이 했던 일 자체를 길게 서술하는 경우가 많은데 위험한 방법이다. 회사 입장에선 여러분이 직무에 얼마나 적합한 사람인지 또는 금방 업무에 적응하고 융화될 수 있는 사람인지에 대해 궁금하지, 그 경험 자체에는 별로 관심이 없다.

자소서를 쓸 때 쓰면 지양해야 할 2가지가 있다. '미사여구'와 '감정 담기'다. 미사여구의 가장 큰 특징은 뜻이 모호하다는 것이다. 나라는 사람에 대해 오히려 흥미를 떨어뜨린다. 그다음이 감정 담기다. 기계 사용설명서과 안내문에는 어떤 감정도 담겨 있지 않다. 기계를 어떻게 조작해야 하는지에 대한 팩트만 담겨 있지, 작성자가 기계에 어떤 감정을 느꼈는지에 대한 내용은 전혀 없다. 기업의 입장에서도 지원자가 그 일을 하면서 어떤 감정을 가졌는지에 관심이 없다. 그 경험을 통해 어떤 것을 배웠고 어떤 역량을 쌓았으며 그 일이 우리 회사에 얼마나 도움이 될지에 대해서만 주목한다. 즉, 일기를 쓰면 안 된다.

좋은 자소서는 다소 딱딱하고 어색하다. 하지만 실무자들은 그런 글에 무척 익숙해져 있다. 제일 좋은 건 직장인인 언니나 오빠에게 자소서 검토를 부탁하는 것이다. 이 방법이 어렵다면 학교에서 하는 자소서 첨삭 프로그램을 추천한다. 첨삭은 어른과 실무자의 눈으로 해야 하고, 친구들끼리 해봤자 제자리를 맴돌 뿐이니 꼭 외부의 도움을 받길 바란다.

내가 취업할 때 도움이 된 것 중 하나가 인턴 경험인데, 특히 면접 때 크게 도움이 되었다. 코트라에서 6개월 동안 인턴을 했고 주 업무는 이메일 보내기와 전화 안내였다. 무엇보다도 거기서 배운 것은 조직의 생리였다. 어떻게 회사가 돌아가고 조직 구조가 이루어져 있으며 특히 사원으로서 어떤 행동을 해야 하는지에 대한 것들이었다. 업무 자체는 너무 단순해서 취업할 때 거의 도움이 안됐지만 회사에서 배운 사회인으로서의 태도는 도움이 정말 많이 되었다.

인턴 생활을 떠올리면 철도 없고 눈치 없는 행동을 많이 한 것 같은데, 인턴이라 용서되었고 또 주변에서 조언을 많이 해주셨다. 그 조언을 통해 하면 안 되는 행동은 자제하고 부각해야 하는 부분은 강조해서 드러내는 방법을 배웠다. 특히 면접을 볼 때 덜 긴장한 이유는 실무자 분들을 편하게 대하는 법을 이미 익혔기 때문이다.

꿈의 기업에 이직하기

D사에 입사하기 전에는 국내 회사에 다녔다. 미국 유명 스포츠 브랜드 의류를 3국에서 제조한 후 납품하는 OEM 벤더사였다. 본사 직원 수는 1,000명 정도였고 베트남, 인도네시아, 캄보디아 등에 지사가 있는 중견 회사였다. 주로 했던 일은 바이어(스포츠 의류 브랜드사)로부터 오더를 받고 서류 작업을 해서 공장에 전달하는 일이었다. 미국 바이어다 보니 영어로 메일을 보냈고 필요할 경우엔 콜도 했다. 그리고 바이어가 주는 서류들이 모두 영어였기에 해석해서 보기 좋게 서류화했다. 또 옷 생산에 필요한 원부자재 생산국은 홍콩, 중국 등이다 보니 이때도 영어를 사용했다.

　이 회사에서 배운 것은 꼼꼼함, 커뮤니케이션 방법, 그리고 비즈니스 영어다. 먼저 바이어와 공장 사이에서 중간 역할을 하다 보니 정보 전달에서 누락이 발생할 가능성이 많았다. 아무래도 사람이 하는 일이다 보니 정보를 가끔 놓치게 되는데 이 경우 생산에 차질이 생기거나 사고가 날 수 있었고 이는 곧 비용으로 연결되었다. 그래서 하나라도 놓치지 않으려고 꼼꼼하게 서류 작업을 하게 되었고 여러 번 확인하는 습관이 생겼다.

그리고 효율적으로 소통하는 방법을 배웠다. 신입 때는 무조건 많은 정보를 메일에 담는 것이 잘하는 것인 줄 알았다. 그런데 공장에 계신 분들은 서류 작업할 일이 적고 확인할 시간이 넉넉하지 않았다. 그러다 보니 많은 양의 정보를 글로만 담는 것은 비효율적이라고 느꼈다. 도식화해서 전달하니 추가 문의 메일이 많이 줄었고 작업도 빨라졌다. 정보 전달이란 내 입장이 아니라 상대 입장에서 생각해야 한다는 것을 배웠다.

마지막으로 비즈니스 영어에 대해 다시 생각해보게 됐다. 바이어와 메일을 주고받을 때 괜히 멋있게 보이려고 어려운 단어를 많이 썼다. 그런데 바이어는 오히려 쉬운 영어를 썼다. 내용을 길게 안 썼으며, 말로 설명이 어려운 것은 사진으로 대체하거나 때로는 그림을 그려서 코멘트를 달아주었다. 영어도 한글과 똑같다. 우리가 지금 알고 있는 영단어만 사용해서 얼마든지 조어할 수 있다. 괜히 어려운 단어, 관용구를 써서 원어민처럼 말하려고 하지 않게 됐다.

나는 이런 깨달음을 얻은 뒤 외국계 취업을 준비했다. 먼저 피플앤잡과 링크드인에 이력서를 업로드했다. 외국계 기업은 인력이 적기 때문에 채용 공고도 잘 안 띄우고 보통 헤드헌터를 많이 쓴다. 헤드헌터에게서 연락이 오면 기본적으로 서류는 통과됐다고 보면 된다. 외국계 기업의 특징은 JD가 있어 거기에 맞는 사람의 이력을 헤드헌터들이 1차적으로 걸러준다. 어떤 헤드헌터는 자기만의 양식이 있고 어떤 사람은 자유 양식으로 달라고 한다. 헤드헌터들이 주는 양식 중에 참고할 만한 것들을 보관해두었다가 잘 활용하면 좋다.

서류 통과 후 헤드헌터가 사무실로 불렀다. 과장급 한 분과 대표님, 총 두 분께 면접을 봤는데 내용은 대부분 이력 검증에 대한 질문이었다. JD와 내 경력이 맞는지에 대해서 중점적으로 질문받았다. 이때 회사에 대해 궁금한 것이 많을 텐데 크게 도움이 되지는 않는다. 말 그대로 인사 대행이라 해당 기업에 대한 정보가 생각보다 많진 않다. 성실하고 좋은 인상만 주면 된다.

그 뒤에 해당 기업으로 가서 실무진 면접을 본다. 이때 헤드헌터가 기업의 면접자와 내가 지원한 직무에 대한 정보를 많이 줘서 면접을 준비할 때 도움이 많이 되었다. 내가 지원한 팀의 직속 매니저는 외국인이어서 영상 통화로 영어 면접을 1시간 정도 봤다. 대부분 내가 했던 일에 대해서 물어봤고, 그 경험이 앞으로 할 직무에 어떻게 도움이 되고 어떤 연관이 있는지를 물어보는 질문이 많았다. 기억에 남는 질문이다. "당신을 뽑았을 때 우리 회사가 가질 리스크가 무엇인가요?" 국내 기업에서 할 법한 질문과는 거리가 있는 것들도 많이 물어본다. 답이 없는 질문이고 의도는 나의 태도와 답변을 보고자 한 것이다.

실제로 나의 답변은 이러했다. "아무리 비슷한 직무라도 엄연히 다르기 때문에(직무가 비슷하지만 미묘하게 달랐다.) 처음에는 원칙대로 일을 해서 업무 진행이 다소 느릴 수 있습니다. 그러나 저는 적응을 잘하는 사람입니다. 전 직장도 경영학과를 졸업한 제가 전혀 배우지 않은 패션업계였으나 봉제 용어와 패턴을 금방 이해해 차질 없이 업무를 진행한 경험이 있습니다. 이에 따라 저는 새로운 회사와 비슷한 직무에도 금방 업무 적응이 가능하며 최대한 빠른 시간 안에 원칙과 실무 사이의 벽을 좁힐 수 있습니다."

외국계 기업은 분위기상 팀원들이 다 같이 토론하고 질문해서 결론을 도출하는 것을 좋아한다. 이처럼 답이 여러 개가 나올 수 있는 질문을 받으면 소신껏 말하되 자신감을 가지고 모두가 생각하는 상식 안에서 답변하면 된다. 더 좋은 것은 직무와 관련 짓는 것이다.

실무진 면접이 통과되면 인사팀 면접으로 넘어간다. 내가 회사의 조직 분위기와 맞는지를 검증하는 질문들이었다. 한마디로 사람들하고 잘 지내며 일을 오래할 사람인지를 확인한다. 기억나는 질문은 어떤 상황을 주고 어떻게 행동할지를 묻는 것이었다. 예를 들면 "당신이 이전에 올린 보고에 오류가 있다는 것을 뒤늦게 발견했다. 이럴 경우 어떻게 말할 것인가? 한국말로도 해보고 영어로도 해보라."고 했다. 회사 분위기와 동떨어져 있는 답변을 한다고 판단되면 탈락할 수 있다. 이 회사에 들어오기까지 여러 차례 면접을 보고 합격했다.

현재 회사에서 가장 만족스러운 부분은 내가 현재 하고 있는 업무를 왜 해야 하는지에 대해서 매니저가 충분히 이해시켜주고 정확한 방향성을 제시해준다는 점이다. 또한 수평적인 조직문화를 가지고 있고 업무 프로세스가 체계화되어 있으며, 워라밸이 좋고 다국적 직원들과 일하다 보니 시야도 넓어진다. 이런 장점들로 회사에 소속감이 생기니 자동적으로 업무 효율이 높아지고 열심히 하게 된다. 같은 시간을 쓰더라도 더 가치 있고 의미 있게 보내고 싶다면 탄탄하고 면밀한 준비를 통해 글로벌 기업에서 일해보기를 적극 추천한다. 기회는 준비된 자에게만 온다는 말을 잊지 말자.

HOT세대 면접관을 연구하라!

문영웅, 미국 최대 글로벌 제조기업 M사

"끝날 때까지 끝난 게 아니다." 뉴욕 양키스의 전설적인 포수 요기 베라Yogi Berra가 남긴 말이다. 과거의 '취업'은 '입사'와 같은 말로 인식되었지만, 지금 취업이란 끊임없이 이어지는 경력 개발 과정이라 말할 수 있다. 입사가 확정되는 순간 취업이 아니라 커리어란 이름으로 불려야 한다. 돌이켜보면 나는 뭘 하고 싶은지 많이 고민했고, 취업 자체를 목표로 하지 않고 시작이라 생각했다는 점이 달랐던 것 같다. 즉, 취업하는 순간부터 평생 이루고 싶은 일을 만들어가는 출발점에 선다고 생각했다. 입사 후 15년이 지난 지금도 내가 하고 싶은 일에 도전하며 취업 수기를 만들어가고 있는 것을 보면 말이다.

　직장이란 조직이기 때문에 같이 일하는 사람과의 '관계'가 중요하다. 여러분이 맞이하는 면접관은 당신의 입사를 결정할 것이고, 또한 입사 후 밀접하게 일할 사람들이며, 하루 중 가장 많은 시간을 함께할 것이다. 따라서 1990년대 생의 취준생이라면 함께 일할 소위 'HOT세대 선배(1970년 후반~1980년 초반에 태어난 과차장급 혹은 팀장급인 사람들. 그룹 HOT의 노래를 들으며 자란 이들을 칭하는 말)'에 대한 이해가 필요하다. 이 사실을 깨닫고 나면 글로벌 기업 취업에서 백전불패가 될 것이다.

한 달 배낭여행을 1년 해외연수처럼!

HOT세대에 대한 분석에 앞서 내가 지금 다니는 회사에 어떻게 취직하게 됐는지 이야기하고자 한다. 대학교 4학년이 되면 주위 사람들로부터 "앞으로 계획이 어떻게 되느냐?"는 질문을 받는다. 보통은 자신의 적성이나 능력 등을 고려하지 않은 채 막연히 목표를 잡고 준비한다. 나 역시 경영학과 3학년이 끝날 때까지 삽질을 많이 했다. 행정고시 책도 들여다보고, 회계사 공부도 조금 해보고, 소위 남들이 좋다고 하는 것은 몇 개월씩 시도해봤지만 도저히 흥미를 느끼지 못했다. 어느덧 시간은 흘러갔고 대학교 4학년을 앞두고 아르바이트로 모아둔 돈과 장학금을 모아 유럽으로 배낭여행을 떠났다.

남들은 취업 준비에 정신이 없을 때였다. 무리하게 떠난 배낭여행은 앞으로의 취업 방향을 잘 잡아주었다. 서울에서 먹었던 맥도날드 햄버거를 영국 한복판에서도 똑같이 맛보고, 내가 쓰던 삼성 핸드폰을 유럽 사람들이 애용하는 모습을 보며, 이를 가능케 한 글로벌 기업의 힘을 보았다. 기업의 최종 목표는 이윤 추구지만, 한 기업이 전 세계인의 문화와 생활습관을 바꿀 수 있는 영향력을 미친다는 것을 경험을 통해 깨달았다. 많은 땅을 밟고 많은 사람을 만나는 직업을 가져야겠다고 생각했다. 이때 2가지 호기심 키워드를 설정했는데, '글로벌'과 '소비자 심리'였다. 글로벌 기업이 어떻게 세계를 상대로 제품과 브랜드 문화를 만들어가는지, 각국의 소비자 심리를 어떻게 움직였는지 그 마케팅 비법이 궁금했다. 대학 생활을 통틀어 나의 외국 생활은 1개월이 전부였다.

4차 산업혁명이 시작되고 HOT세대들이 본격적으로 팀장이 되는 요즈음에는 애플이나 구글 같은 플랫폼 기업들은 소비자 데이터를 기반으로 기존의 산업 구조를 송두리째 바꾸고 있다. 서로가 경쟁사가 될 수 있고 협력자가 될 수 있다. 이런 현실에서 기업은 더욱 창조적인 인재를 원한다. 그 중심에는 HOT세대 팀장들이 있다. 그들은 교환학생, 어학연수, 워킹 홀리데이 등 외국 경험이 많기 때문에 사람을 뽑을 때 외국 경험 자체보다 다른 물음을 던진다.

외국 경험이 본인의 가치관에 어떤 영향을 주었고 어떻게 본인을 성장시켰는지, 그리고 그 경험이 조직과 회사에 어떻게 기여할 수 있는지에 관해서다. 흔히 착각하는 것이 기업이 커뮤니케이션을 잘하는 사람을 선호한다고 하면 뛰어난 영어 실력을 생각하는 지원자들이 많다. 커뮤니케이션은 사람과 사람 사이의 공감능력을 말한다. 따라서 외국 경험을 이야기할 때는 다양한 문화와 사람을 접하면서 이해하고 공감하는 능력을 어떻게 키웠고, 안전지대인 고국을 떠나 그곳에서 어떻게 자립심과 주도성을 키워 뜻한 바를 이루어냈으며 그 성취감이 회사에 어떻게 기여할 수 있는지 연관 지어 이야기해야 한다.

예를 들어 1년 전 팀에 경력사원을 뽑는데, 원하는 스펙은 과차장급이었고 소비재 경험이 풍부하고 피플 매지니먼트 경험이 있는 사람을 구인 공고에 올렸다. 세 차례에 걸쳐 면접을 본 결과 최종 합격자는 소비재 경험이 전혀 없고 2년 경력이 있는 사원급이었다. 중학교 때 캐나다로 건너가 미국에서 대학교를 졸업하고 한국에 와서 취업했는데, 그에게선 가장 인상적인 부분이 3가지가 있었다.

첫째는 생각과 관찰을 많이 한다는 사실이었다. 미국에서 M사의 제품을 쓰면서 어떤 장단점이 있었고, 미국 제품을 한국 시장에 맞게 런칭하기 위해 어떠한 부분이 필요한지 생활 속에서 많이 고민했기에 입사해서 해보고 싶은 일이 명확했다. 둘째는 당당함 속에 숨겨진 공감능력과 배려다. 면접 자리를 전혀 어려워하지 않았고 당차게 이야기하면서도 다른 지원자에 대한 공감과 칭찬을 할 때 진심이 느껴졌다. 마지막으로는 확실한 자신감과 주도성이었다. 직무와 관련된 경험은 없었지만 "부딪히면서 해보겠다."고 하면서 중학교 때 미국에 적응하기 위해 영어 공부를 열심히 해서 친구들을 사귀었고, 오랜 외국 생활 뒤 한국 기업에 취업해 영업사원으로 전국을 돌아다니며 사람의 마음을 얻는 법을 체득했다는 경험이 신뢰감을 주었다.

나도 글로벌 기업에서 일하고 싶다

다시 나의 이야기로 돌아가겠다. 취업하기 위해 제일 먼저 찾아간 곳은 대학교에 있는 '취업 정보과'였다. 회사에서 취업 정보과를 통해 취업 설명회, 면담 등을 개최하고 때로 추천 채용을 의뢰받거나 급하게 구인할 때 제일 먼저 연락을 주기 때문에 취업 정보과를 잘 활용하면 기대 이상의 도움을 받을 수 있다.

나는 멘티들에게 링크드인, 피플앤잡, 잡코리아 등에만 의지하지 말라고 말한다. 학교에서 개최하는 취업 설명회나 취업 특강을 통해 재직자를 만나 직접적인 조언을 들어볼 수 있고 재직자 추천도 받을 수 있다. 그리고 다른 학교에서 열리는 취업설명회나 박람회에도 적극적으로 참여할 것을 권한다. 대부분 인사부 직원과 현직자들이 참석하기 때문에 실질적인 조언을 받을 수 있다. 이렇게 발품을 팔면 회사에 대한 관심으로 비춰진다.

어떤 글로벌 기업은 채용 공고를 올리지 않았더라도 미리 인재풀을 만들기 위해 이력서를 받는 곳도 있다. 미리 정성들여 이력서를 접수해놓는다면, 나중에 공고가 났을 때 플러스면 플러스지, 마이너스가 되지는 않는다. 원하는 기업이 있다면 홈페이지에 수시로 들어가 체크하는 노력이 필요하다.

3월, 어느덧 8학기가 시작될 때 코스모스 졸업을 했다. 상반기에는 보통 국내 기업의 채용이 많지 않다. 외국계 기업은 거의 다 수시 채용이라 날마다 취업 정보과의 홈페이지를 보면서 확인하고 있었는데 M사 무역부에서 올린 구인 공고를 보게 되었다. M사는 다우존스에 포함되는 100년 넘은 미국 대표 기업으로 국내에도 잘 알려져 있었다.

이 기업과 관련된 어니스트 건들링Ernest Gundling의 책을 읽으며 신제품 기술과 15%룰로 대표되는 자율적인 기업문화에 매료되었다. 어렸을 때 어머님의 심부름으로 이 기업에서 나오는 생활용품을 몇 번 사다 드린 적이 있었고, 중고등학교 때는 접착식 메모지, 테이프, 마스크 정도를 판매하는 것으로만 알고 있었다. 그런데 소비재 제품만이 아니라 자동차, 전자, 헬스케어, 안전 등 다양한 산업 분야에서 많은 제품을 만들고 그 중심에는 다양한 제품, 솔루션을 끊임없이 만들 수 있는 핵심 기술이 있었다. 또한 흔히 '무역부'라고 하면 다양한 사람들, 다른 나라 지사의 외국인들과 일하는 것을 떠올리는데 그 자체가 굉장히 흥미로웠다.

외국계 기업은 수시채용이라 한 명을 뽑는 데 몇 백대 일의 경쟁률이 허다하다. 따라서 서류전형을 통과하기 위해 인사 담당자에게 지원자의 스토리가 눈에 띄게 잘 읽혀야 한다. 즉, 지원자가 이 일을 하기 위해 관련된 능력과 경험을 가지고 있는지 한 편의 스토리를 구성해야지, 이것도 할 줄 알고 저것도 할 줄 안다는 식으로 나열해서는 안 된다.

예를 들어 기업에서 제품 마케터Product Marketer를 뽑으려고 한다면 우선적으로 커뮤니케이션 능력을 살펴볼 것이다. 그렇다면 '리더십', '경청', '협력' 등을 키워드로 내세우는 이력서를 찾을 것이다. 따라서 이력서의 질문마다 소주제를 정하기 바란다. '진정한 커뮤니케이터'라고 설정했다면 대학교 때 팀워크 했던 스토리를 쓰며 어떻게 팀을 이끌고 프로젝트를 완수했는지, 그 과정에서 기여하지 않은 사람에게 어떤 평가를 했는지 등 실제로 회사에서 벌어질 법한 스토리를 써보라. 면접관들은 면접장에서 더 듣고 싶어 할 것이다.

이력서를 쓸 때 구직자들이 자주 놓치는 기본 규칙이 있다. 요즘은 이력서에 사진을 넣지 않는 회사도 많지만, 아직까지는 사진을 넣는 회사가 많다. 글로벌 기업이라고 개성 넘치는 사진을 넣는 구직자들이 많다. 손가락으로 브이 자를 만들거나, 측면 사진을 넣거나, 지나치게 포토샵으로 보정하는 경우가 있는데 최대한 용모 단정하게 찍은 사진이 좋다. 개성 있는 사진은 마이너스가 될 확률이 높다.

또한 이력서에는 글자 수 제한이 있는데, 가급적 글자 수를 최대한 맞추는 것이 좋고 질문에 빈칸이 없게 해야 한다. 토익 점수는 사내에서 정한 구간을 기준 단위로 체크하는 경우가 많아서 고작 몇 점 더 올리기 위해 노력을 쏟기보다는 그 시간에 관련된 아르바이트나 인턴 경험을 쌓는 것이 더 좋다. 그리고 목표로 하는 회사에서 주최하는 공모전이나 인턴에 참여하면 서류전형에 큰 도움이 된다. 실제로 대학교 때 기업 공모전에서 상을 받은 친구가 졸업 후 정직원으로 입사한 경우도 있었다.

면접관이 되어 생각하는 내가 뽑힌 이유

면접은 2번 진행되었는데, 1차 면접은 인성 면접으로 기업문화와 맞는지 간단한 질문을 받았다. 그리고 특이하게 DISC라는 심리검사를 병행했다. 나중에 알고 보니 DISC검사가 합격 여부를 좌우하지는 않지만, D(Dominance, 주도성), I(Influence, 사교성), S(Steadiness, 안

정성), C(Conscientiousness, 신중성) 유형을 파악해 팀워크를 어떻게 형성할지 파악했다. 지금은 AI면접을 진행하는데, 회사에서 일을 잘하는 직원들에게 같은 질문을 하고 이를 데이터베이스화해서 평균적으로 이들의 대답을 표준으로 삼는 회사들도 있다.

2차 면접은 같이 일하게 될 부서의 부서장님, 본부장님의 면접을 보았다. 주로 이력서를 근거로 내가 했던 프로젝트에 대한 설명과 이 일을 하기 위해 무엇을 준비했는지 집중적으로 질문을 받았다. 무엇보다 회사에 대한 관심을 표현하기 위해 내가 애용했던 매직테이프를 들고 가서 면접 중에 꺼냈다. "이런 제품을 국내에서 개발해서 해외에 수출하겠습니다."라며 포부를 보여주었다. 지금 생각하면 엉뚱한 발상이었지만, 회사에 대해 많이 공부했고 관련 제품을 직접 들고 와서 자신감을 보여줬던 게 가점 요소였던 것 같다. 면접관으로 참여하면서 이런 경우에 가점을 얻는 비슷한 사례를 몇 번 보았다.

학교나 전 직장에서 본인이 했던 포트폴리오를 일목요연하게 정리해서 파일로 가져오거나 프린트해서 면접 중에 면접관들에게 보여주기도 하고, 또 어떤 지원자는 포트폴리오를 몇 권의 책으로 가져와서 어필하는 경우도 보았다. 주의할 점은 1대1 면접의 경우 플러스가 될 확률이 높지만 3~5명이 피면접자로 들어가서 같이 보는 면접에서는 한 명이 너무 과하게 열정을 보이며 다른 사람의 발언 기회를 뺏어간다면 마이너스가 될 수도 있다.

HOT세대 팀장들은 무조건 충성을 바라지 않는다. 서류, 면접 전형에서 "이 회사에 뼈를 묻을 각오로 일하겠다."는 사람을 뽑지 않은 지 오래다. 그들은 단점 없는 지원자를 원하는 게 아니라 그들과 팀워크를 잘 갖춰 즐겁게, 오래 일할 수 있는 사람을 뽑고 싶어 한다. 따라서 단점을 쓸 때도 본인의 단점을 과감히 쓰되 이를 어떻게 개선해나갈지 노력하는 모습을 함께 써주는 게 좋다. 단점 없는 사람 없고, 업무나 조직에 어려움은 항상 존재한다. 다만 부정적인 것을 받아들이고 이를 개선하기 위해 어떤 노력을 하는지 보고자 하는 것이다.

커리어를 표현해 재도약하라

"회사와 직무 중에서 무엇이 먼저일까?"

이 질문에 답하기 전에 외국계 기업의 특성을 알아보자. 외국계 기업은 외국에 본사를 둔 회사가 한국에 합작이나 100% 지분을 투자해 만든 형태로 설립된다. 가장 먼저 만드는 조직은 영업, 마케팅이고 지사 규모가 커지면서 연구소, 제조 시설, 물류시설 등이 들어온다. 실제 한국에 들어온 외국계 기업 중에 이 모든 것을 다 갖춘 규모 있는 곳은 많지 않다. 그렇다면 가장 많이 뽑는 곳은 영업, 마케팅 분야라는 것을 알 수 있다.

외국계 기업에 신입사원으로 들어갈 때는 직무보다 회사가 먼저이고, 경력으로 갈 때는 직무가 먼저라고 답하고 싶다. 그 이유는 외국계 기업은 상대적으로 조직이 유연해서 부서 간 이동이 자유로운 편이다. 특히 신입을 가장 많이 뽑는 직군은 '영업'인데, 영업 경험을 통해 시장, 고객을 이해하고 차후에 마케팅, 인사, 회계 등으로 직무 이동이 가능하다. 외국계 기업에서 가장 중요한 직군이고 신입에게는 '전공 무관'으로 지원의 기회가 많이 열려 있다.

나는 목표로 했던 글로벌 기업에 취업했고 하고 싶었던 일을 할 수 있어서 재미있게 일했다. 3년 정도 일하다가 소비재 마케팅 일을 해보고 싶었는데 때마침 해당 부서가 급속히 성장하면서 더 많은 인원을 필요로 했다. 친숙한 제품이 많은 생활용품 사업팀으로 옮겨 마케터로서 일을 시작했다.

평소에 커리어를 어떻게 쌓아갈지 많은 생각을 했고 상사와도 많은 대화를 나누며 내 커리어 빌딩에 대해 표현했다. 보통 상사와 연간 최소 3번은 1대1 미팅을 하기로 되어 있는데, 이때 나의 커리어 개발을 어떻게 할지, 상사가 어떻게 도와주면 좋을지 이야기를 나눈다. 기회란 갑자기 찾아오기 때문에 미리 준비하고 있어야 한다. 나는 그렇게 마케터가 되었고, 마케팅 팀장, 생활용품 사업팀장까지 꾸준히 커리어를 쌓아나갔다.

엄밀히 말하면 나는 전 세계 80개가 넘는 자회사 중에서 한국

법인에 다니고 있다. 물론 한국의 비즈니스가 워낙 커서 중요한 부분을 차지하고 있지만, 글로벌 기업에서 다른 나라는 어떻게 비즈니스를 하고 있는지, 각 나라의 비즈니스를 묶어서 어떻게 더 크게 만들 수 있을지 배낭여행 때 봤던 '글로벌 스탠더드'를 경험하고자 APAC(Asia Pacific, 아시아 13개 나라를 일컬음) 시장에서 일하고 싶었다.

몇 년 동안 팀원들과 노력한 결과 전 세계 자회사 중 한국 생활용품 사업팀 매출이 미국 본사에 이어 2위까지 올랐고 이 경험을 다른 나라에 전파할 기회가 주어졌다. 아시아 13개 나라의 시장을 이해하고 어떻게 전략을 잘 세워 비즈니스를 성장시킬지 날마다 전화회의를 하고 해외출장도 다닌다. 다양한 문화 속에서 좌충우돌할 때도 있지만 공통된 소비 심리를 읽으며 비즈니스를 만들어가는 일이 재미있다.

내가 한국에서 APAC 지역으로 가게 된 가장 큰 이유는 성과도 주요했지만 꾸준히 커리어에 대해서 이야기하고 지원을 요청했기 때문이다. 외국계 기업에서는 일의 성과만큼 '커리어 관리'도 중요하게 생각한다. 현재 일하면서 다음에 이런 일을 하고 싶다고 이야기하면 과거에는 이 직원이 현재에 충실하지 않다는 생각이 지배적이었지만 시대가 변했다. 그 중심에는 소위 HOT 세대 팀장의 등장이 중요해졌다.

HOT세대 팀장이 왔다

HOT세대는 회사에서 일을 가장 많이 하고 팀을 이끌어가는 데 주춧돌이 되는 중요한 포지션에 있다. 그리고 이들은 흔히 '낀 세대'라고 불린다. 꼰대문화라고 표현되는 기성세대 밑에서 직장 생활을 배우며 변화를 갈망해온 세대다. 드라마 속에서 부장으로 나오는 꼰대 부장의 모습은 현실에서 점점 사라져가고 그 자리를 HOT세대 선배들이 채우고 있다. 기성세대와 90년대 생 사이에서 중재자 역할을 해야 하는 이들의 마음을 얻기 위해서는 무엇이 필요할까?

첫 번째, 솔직함과 당당함 속에 배려심이 더해지면 좋다. HOT세대 팀장들은 90년대 생의 솔직함과 당당함에 한편으로 속 시원해 한다. 왜냐하면 그들은 상사의 눈치를 보느라 속마음을 겉으로 표현하지 못했기 때문이다. 하지만 당황스러울 때가 있다. 예를 들어, 면접을 볼 때 지원 동기를 말하라고 하면 "외국계 기업의 워라밸이 좋아서 지원했다.", "나중에 사업하려고 하는데 마케팅 전반을 경험해보고 싶어서 지원했다."고 말한다.

솔직하긴 하지만 회사라는 곳은 같이 팀을 이뤄 일하고, 혼자서 할 수 있는 일은 거의 없다. 같은 말이라도 이렇게 표현하면 어떨까? "제가 할 일을 똑 부러지게 하고, 다른 팀원들에게도 긍정적인 영향을 미쳐 우리 팀 모두가 워라밸이 잘 이뤄질 수 있는 팀 분위기를 만드는 데 일조하겠다.", "마케터로서 마일스톤을 세워서 이를 바탕으로 나중에 큰 사업가가 되고 싶다." 이렇게 생각하고 말한다면 솔직함에 더하여 자신이 같이 일할 팀과 회사가 얻을 수 있는 점까지 같이 생각하는 마음을 전달할 수 있을 것이다.

내가 신입사원을 뽑을 때는 실무자 면접, PT 면접 외에 항상 한 가지를 더 봤다. 우리 팀 모두와 만나서 차 한잔하거나 밥을 먹는 자리를 마련하면서 자연스레 대화의 장을 마련했다. 하루에 가장 많은 시간을 함께하는 팀원들이기에 팀원의 평가도 중요하다고 생각했다. 임원진 면접에서 점수가 제일 높은 지원자가 있었는데, 팀원들과 식사 후 피드백을 듣고 떨어뜨리기도 했다. 요즘은 HOT세대 팀장들이 이렇게 팀원들 전체에게 평가할 수 있게 보텀업Bottom up 방식의 면접을 하는 경우가 많다. 동료인 팀원들과 팀워크를 조화롭게 이룰 수 있는 배려심이 돋보이면 좋다.

두 번째, 자율성 속에서 주도성을 보여라. HOT세대 팀장이 바라보는 90년대 생 팀원의 가장 큰 장점은 회의 시간에 자신의 의견을 당당하게 이야기하고, 하고 싶은 일에 대해 과감히 추진하는 주도성이다. HOT세대 팀장의 특징은 과거의 톱다운Top down 방식이 아니라 합리적이고 활발한 토론이 진행되길 기대한다. 그러기 위해 많은 자율성을 주려고 노력한다. 그런데 이 자율성이 방관이 될 수도 있다는 생각에 균형 잡기가 매우 어렵다.

하나하나 가르쳐주며 매번 확인하자니 자율성을 꺾는 거 같고, 큰 방향만 설정해주고 자유롭게 맡기자니 방관하는 것 같고, 이에 대한 해답은 서로 간의 '신뢰'를 쌓는 것이다. 외국계 기업은 사람을 뽑으면 바로 실전 요원으로 투입시키기 때문에 90년대 생 신입사원이 자율성 속에서 스스로 주도성을 갖길 희망한다. 면접에서도 이와 관련해서 많은 질문을 한다. 해당 직무에 대해서 얼마나 이해하고 있고 열정을 보여주는지가 중요하다. 그리고 거기에 대해 평소 고민했던 아이디어를 주도적으로 펼쳐 보이는 것도 좋다.

HOT세대 팀장들은 제품이나 진행하고 있는 프로그램에 대해 합리적 비판과 더불어 건설적인 제안을 해주길 바란다. 그것을 관심의 표현이라 보기 때문이다. 90년대 생에게 바라는 것은 기존의 틀을 깨고 나올 수 있는 신선한 아이디어와 주도성이고, 다만 체계적이고 논리적으로 자기주장을 펼쳐야 한다. 이러한 주도성은 곧 그들과 신뢰를 쌓는 바탕이 된다고 믿는다.

세 번째, 외국계 기업은 다양성과 포용Diversity&Inclusion을 강조한다. 다양성이라 하면 국내 기업에서는 남녀 직원의 고용 비율을 떠올리지만, 실제 외국에서는 그 범위가 훨씬 넓다. 몇 년 전 미국 본사로 출장 갔을 때의 일이다. 옆에 남자 직원이 자기소개를 하면서 "My husband works for Target(제 남편은 타깃에서 일해요)."이라고 말한 것을 보며 내 귀를 의심했는데, 그때 내가 얼마나 다양성에 대한 이해가 떨어졌는지 반성했다.

HOT세대 팀장은 그 어떤 세대보다 다양성에 대해 많은 교육을 받았고, 변화를 추구하고 있다. 전공이 무엇이든지, 그것을 지원하고자 하는 분야와 연결고리를 찾을 수 있는 융합적 사고가 필요하다. 본인이 전공했던 것과 지원하고자 하는 것의 연결고리를 어떻게 만들 것인지가 중요한 시대가 되었다.

몇 년 전에 글로벌 미팅을 했을 때 남성 비율이 압도적인 나라가 한국과 일본이었다. 우리나라도 많이 변화하고 있다. 내가 전에 맡았던 생활용품 사업팀의 여직원 비율이 50%를 넘었고 90년대생 비율도 50%에 육박했다. 그리고 회사에서도 여성 임원을 키우기 위해 많은 노력을 하고 있으며, 최근 인사이동을 보면 여성 임원이 눈에 띄게 많이 늘었다. 특히 여학생들이 외국계 기업에 문을 더 두드렸으면 좋겠다. 회사 내 여직원의 비율이 늘어나면서 문화도 많이 바뀌었다. 실제 외국계 제약회사의 여성 비율을 보면 50%가 넘는 곳이 많다.

90년대 생, 80년대 생 이런 식으로 군을 만들어 특징을 단정 짓기란 위험한 일이다. 하지만 시대의 흐름에 따라 공통적인 특징과 관심사가 무엇인지는 나타나므로, 여러분이 당장 면접 때 만나야 할 HOT세대 팀장들의 관심사와 특징을 정리해보았다. 그들의 특징은 한 마디로 온고지신이다. '온고溫故', 즉 시대가 변해도 바뀌지 않은 것을 여러분이 공감하는지 확인하고 싶어 하고, 또한 여러분들을 통해 '지신知新', 즉 새것을 알고자 하는 것이다.

면접관이 가장 뽑고 싶은 사람은 쉽게 말해 일도 잘하고 조직 생활도 잘하는 사람이다. 수백 대 일의 서류전형을 통과하기 위해 그리고 몇 번의 까다로운 면접을 통과하기 위해 짧은 시간에 보여 줘야 하는 것은 본인이 가지고 있는 장점을 스토리로 만들어 진심 어린 감동을 선사하는 것이다. 어떤 이는 외국계 소비재 기업에 취업하고자 며칠간 마트에서 프로모터로 물건을 직접 팔아보고, 신제품에 대해 소비자 반응을 직접 들어보고, 자기 아이디어를 개진하는 리포트를 만들었다. 여러분의 소중한 노력을 자신만의 색깔을 입힌 스토리로 만들어나가길 응원한다.

신입사원의 1년 내 퇴사율이 30% 이상이라는 통계치를 봤을 때, 직장 생활을 어떻게 시작할 것인지 한 번 진지하게 고민해 봤으면 한다. 대학 생활은 인생에서 4년이지만 취업은 30년 이상 할 일을 찾는 것이다. 취업 1년차부터 경력이 되는 것이고, 진지한 고민 없이 시작되는 일은 재미없다. 방향성을 어떻게 잡고 시작할지 그리고 그 끝을 어떻게 그릴지 진지하게 고민해봤으면 한다. 여러분 스스로 대견해 하는 자신의 모습을 그리면서.

"하고 싶은 일을 하며
살아도 괜찮아."

이승범, 독일 최대 글로벌 전자&제조기업 S사

취업을 준비하는 대학생이라면 졸업 후 바로 대기업으로 입사하는 것이 꿈일 것이다. 하지만 이런 이상적인 길을 가는 사람은 극소수 이며, 현실적으로는 국내외 중소기업에 입사해 경력을 쌓고 이직 을 통해 대기업으로 입사하는 것이 가장 현실적이다. 나도 두 차례 의 이직을 거쳐 현재의 회사에 입사했다.

나의 경력을 간략히 소개하겠다. 경영학과 졸업 후 국내 핸드 폰 제조 중견기업에서 메카니컬 엔지니어Mechanical engineer로 일했 고, 독일계 반도체 중소기업 구매팀에서 있다가 독일계 글로벌 기 업 의료장비사업부 구매팀에 이르기까지 근무한 분야와 부서가 다르다. 해보고 싶은 일을 찾기 위해 대학 시절에 관세사 시험을 준비했고, 졸업하고 나서 오토캐드를 사용하는 엔지니어로 근무했다. 그러다 30세가 넘어 어학연수를 다녀와 신입사원으로 시작하는 등 진로 고민을 오랫동안 해왔으며 많은 리스크를 감수하며 나의 미래를 개척하고 있는 중이다.

많은 사람들이 한 분야에서 깊이 있는 경험을 쌓는 동안 나는 넓은 경험을 했다고 생각한다. 진로의 기로에서 남들과 조금 다른 길을 걸어왔던 나의 경험이 여러분, 특히 경력을 쌓아 이직하려는 분들에게 도움이 되길 바란다.

외국계 기업을 철저하게 해부하라!

외국계 기업은 본사가 위치한 국가의 영향을 받을 수밖에 없다. 국내에 진출한 외국계 업체들을 크게 분류하면 미국계, 유럽계, 일본계, 중국계로 나뉜다. 그리고 서비스업, 금융업 등 많은 업종으로 나눠진다. 만일 여러분이 가고자 하는 회사가 있으면 그 회사의 본사가 있는 지역과 분야, 업종 등을 확인해 그 회사가 가진 특징을 추출해내는 것이 굉장히 중요하다.

앞서 언급한 것처럼 국내에는 10,580개의 외국계 법인이 있고 한국에 있는 외국계 기업들은 대다수가 작게 시작해서 점차 사업을 확장하기 위해 힘쓰고 있다. 사업을 벌이는 것에 대한 위험 부담이 있기에 처음부터 많은 자본을 투자하지 않고, 사업의 추이를 보며 사업 확장 여부를 결정하는 것이다. 외국법인은 투자 및 성격에 따라 외국인 투자법인, 외국법인 국내지점, 연락사무소로 나뉘는데, 나는 내가 경험한 제조 기업이 세워진 목적, 즉 판매에 집중해 영업사무소 형태, 제조부터 판매까지 담당하는 제조 기업 형태로 분류하여 설명하고자 한다.

첫 번째, 영업사무소 형태의 외국계 기업이다. 국내에는 외국계 제조업체보다는 영업사무소를 설립해 업무를 진행하는 회사들이 압도적으로 많다. 제조 공장을 설립할 경우 비용과 제조 물품에 대한 공정, 인력 등 신경 써야 할 부분들이 많기 때문이다. 그래서 국내에서 물품 수주를 받으면 본사 혹은 중국, 베트남 등 인건비가 저렴한 공장에서 생산해 국내로 이송한 후 판매하는데, 이러한 영업사무소 형태의 기업들은 다음과 같은 형태를 가지고 있다.

| **팀 구성** 고객사와 본사의 커뮤니케이션을 중계하는 영업팀, 회사의 내부 관리를 책임질 관리팀, 이 두 팀으로 구성되어 있다고 해도 과언이 아니다. 영업팀은 기업과의 거래가 많으며 일반적으로 특별한 기술이 들어간 제품들을 거래하기 때문에 회사의 특별한 기술을 이해하고 설명할 수 있는 기술 영업의 형태가 많다. 관리팀은 회사의 내부 관리를 위해 인사, 회계에 대한 전문지식을 가진 인원이 많다.

| 높은 외국어 수준 영업팀, 관리팀 모두 본사와 원활한 소통을 위해 본사가 소재한 국가의 언어에 대한 수준 높은 외국어 구사를 원한다.

| 매출과 회사 운영에 집중 외국계 기업의 특성상 보고체계는 잘 발달되어 있지만 영업사무소 형태이기 때문에 보고의 가장 중요한 사항이 매출 및 회사 운영에 집중되어 있다.

| 자유로운 업무 사원 수는 5, 6명의 소규모이기 때문에 자신이 맡은 업무에만 충실한다면 비교적 자유로운 업무 환경을 가지고 있다.

| 용이한 이직 영업팀, 관리팀 2가지 부서로 편중되어 있으며 각 분야에서 원하는 부분이 일정하기 때문에 연봉 상승 및 이직이 다른 분야에 비해 쉬운 편이다.

| 사업 철회가 용이 직원들이 이직이 쉬운 만큼 기업도 초기투자 자금이 높지 않기 때문에 시장 상황에 따라 사업을 철수하기 쉬운 편이다.

두 번째, 제조 기업 형태의 외국계 기업이다. 제조에 필요한 장비 구매, 본사에서 제조하는 제품과 품질의 눈높이를 맞추는 작업

이 필요하다. 영업팀, 관리팀에 생산팀, 품질팀이 추가되며, 회사가 성장하면 구매팀, 자재팀, 개발팀 등이 추가되어 관리할 것들이 늘어난다. 그렇기 때문에 외국계 제조 기업은 본사에서 국내 투자에 확실한 비전이 없는 경우 진행하지 않는 것이 일반적이다. 반대로 말하면 본사에서 국내 시장에 비전이 있다고 생각하여 투자한 것이다.

| **기업 수가 생각보다 많다** 국내에 많이 없을 것 같지만 생각보다 많다. 우리나라가 독점하고 있는 반도체 분야를 예로 들면, 독일 기업에서 반도체 제조공정에 필요한 제품을 추가 개발하여 생산한다면 반드시 한국을 고려할 것이다. 한국은 반도체 공정에 필요한 자재의 주요 판매처이기도 하며, 운송비와 운송 기간에서 경쟁력이 떨어지는 독일에서는 생산할 수 없기 때문이다.

| **보고체계가 잘 되어 있는 편이다** 외국계 기업은 본사가 많은 실적을 내고 있으며, 사업을 위해 국내에 제조 공장을 설립한 것이다. 이 때문에 이미 확립된 보고체계가 있거나 확립될 가능성이 매우 높다.

예를 들어 업무를 하면서 사장님께 보고를 올리고 결재를 받을 일이 생겼다고 가정해보자. 외국계 기업은 사장님이 외국에 계시기 때문에 기본적인 자료는 영어나 다른 언어로 작성되어야 하

고, 회의는 전화나 화상으로 진행하며, 보고 또한 모국어가 아닌 다른 언어로 설명해야 하는 불편함이 있다. 또한 시차가 많이 차이 나는 국가의 경우 회의 시간은 한국의 새벽이거나 늦은 저녁인 경우도 있어 다른 인원의 지원을 받기 매우 어렵다. 이러한 불편함을 최소화하기 위해 보고체계가 발달되어 있고 가능하면 윗사람들의 추가질문이 없도록 바로 이해하고 승인될 수 있도록 회사문화에 맞는 최적의 양식이 부서별로 존재한다.

발달된 보고체계는 모든 외국계 기업이 가지고 있는 특징이다. 왜냐하면 글로벌 기업들은 여러 지역에 영업사무소 혹은 제조 업체를 보유하고 있어 보고 자료들이 각 지역들로 공유되어야 하기 때문이다. 외국계 기업에서 외국계 기업으로 경력직 이직이 쉬운 이유가 보고체계를 이해하고 있기 때문이라고 생각한다.

외국계 기업은 경력직, 특히 외국계 기업의 경력직을 선호한다. 미국계, 유럽계 등을 불문하고 설립자 및 본사 사람들이 원하는 보고서 내용은 동일하기 때문이다. 투자 대비 이익은 얼마인지, 구매 금액은 얼마이며 절감액은 얼마인지, 재고자산의 회전율은 어떻게 되는지, 품질 문제나 이에 대한 비용은 얼마인지…, 외국계 기업은 이러한 공통된 보고 자료를 원한다.

| 높은 어학 능력을 요구하지 않는다 대부분의 보고 자료는 팀장이나 경영진에게 집중되어 있고 영어가 필요하지 않은 생산직에서는 별도

의 어학능력을 요구하지는 않는다. 하지만 외국계 제조업체의 경우 어학 능력이 부족하면 진급에 한계가 있다.

외국계 기업을 간다면 누구나 글로벌 기업을 목표로 할 것이다. 하지만 글로벌 기업에 대한 진입 장벽은 워낙 높고, 경력을 중요시하기 때문에 신입사원으로 들어가기는 쉽지 않다. 이럴 때 생각해볼 수 있는 길은 작은 규모의 외국계 기업에서 먼저 기회를 찾아보는 것이다. 평균적으로 국내 대기업보다 진입 장벽이 낮은 편이다(많이 낮지는 않고 어떤 곳은 대기업보다 훨씬 높은 곳도 많다).

나 역시 작은 회사에서 시작했다

나의 첫 회사 생활은 대학교 경영학부 2학년이 끝나고 시작된 방위산업체에서였다. 회사는 50명 인원의 소규모 제조업체였다. 열심히 일하는 모습을 좋게 보신 경영진 덕분에 생산직과 영업 관리, 품질팀 등 여러 관리직의 업무를 경험해볼 수 있었고 그때 가장 흥미를 느꼈던 것은 오토캐드를 사용하는 설계팀 업무였다. 설계한 대로 제품이 인쇄되고 제작되는 일에 재미를 느꼈고 이에 매진한 결과, 개발팀 부팀장을 맡아 1년 반 동안 해당 업무를 진행하며 성과를 쌓았다.

졸업 후 반년 동안 임시직 조교를 하면서 취업 준비를 해 2개의 회사에 취업이 확정됐다. 한 곳은 국내 유명 음료회사였고, 다른 곳은 이전에 방위산업체에서 복무했던 회사였다. 새로운 업무를 배울 수 있는 것 이외의 몇 가지 장점을 제외하고는 이전 방위산업체의 조건이 더 좋았다. 5년 만에 다시 입사한 회사는 중소기업에서 몇 천 억대의 매출을 올리는 중견기업이 되어 있었고, 지리상으로도 집과 가까웠다. 무엇보다도 기존에 했던 업무들이었기 때문에 어려움 없이 적응할 수 있었다. 그렇게 3년을 근무했다. 인생을 살아가면서 후회하는 선택을 말한다면 아마 이때를 꼽을 것이다.

3년이 지난 어느 날, 대학 때 공부했던 경영학 지식과 2년간 공부했던 관세사 지식을 활용한 업무를 하고 싶어졌다. 바로 구매 업무였다. 이를 위해서는 영어 실력이 필수였고 내 나이 30세, 어학연수를 결정했다. 주변 사람들이 만류했지만 지금 생각하면 후회가 없다.

1년 정도의 어학연수를 마치고 한국에 돌아와 1년의 취업 활동을 통해 독일계 반도체 중소기업 구매팀에 입사했다. 구매 경력은 여느 신입사원들과 같았기 때문에 연봉도 낮게 책정되었으며, 서른이 넘어 처음부터 경력을 쌓는 것은 쉬운 일이 아니었다. 약 5년 동안 근무하면서 누구보다 열심히 적극적으로 업무를 진행했고 입사 1년 만에 회사에 큰 이익을 가져다주는 성과를 내 진급이

빨랐다.

이 경력과 성과를 바탕으로 또 한 번의 이직을 통해 독일계 글로벌 기업 S사에 입사했다. 이때까지의 경험을 돌이켜보면, 방위산업체인 한국계 중견기업에서 일했고, 관세사 준비 및 어학연수를 기회로 독일계 반도체 중소기업에서 일할 수 있었으며, 이 모든 경력과 경험이 글로벌 기업에 입사하기까지 영향을 미친 것이라 생각한다. 여러분도 취업 준비를 위해 투자하고 있는 모든 시간과 에너지가 앞으로 어떤 식으로 여러분의 취업에 도움이 될지 모르기 때문에 지금 하고 있는 일에 매진해보기를 추천한다.

모든 사람이 자신이 원하는 기업에 들어갈 수 있다고 장담할 순 없지만, 적어도 자신이 원하는 일을 찾아 할 수는 있을 것이다. 지금 취업 준비로 투자하는 시간이 아득하게 느껴지겠지만 지나고 보면 그렇게 긴 시간이 아니다. 또한 진로를 결정하고 나면 그 진로에 매진하는 시간이 취업 준비 기간보다 훨씬 길기 때문에 그 시간이 아깝지 않도록 자신이 하고 싶은 일을 찾는 것이 정말 중요하다.

면접 직전에 새겨야 할
A.D.V.I.C.E

신주원, 미국 글로벌 부동산 컨설팅기업 C사 (전)아디다스

대학 졸업과 동시에 국내 대기업 인사 교육과에서 교육 담당으로 인사 업무를 시작했다. 이후부터는 줄곧 외국계 기업으로 커리어를 이어오고 있으며, 스위스 전기엔지니어링 기업인 ABB코리아, 독일 스포츠브랜드인 아디다스코리아 등 외국계 기업을 거쳐 현재는 세계 1위의 미국계 기업에서 인사 부장으로 재직 중이다. 인사 업무 중에서 주로 채용과 교육, 조직문화 관련 일을 했으며, 현재 조직인사를 전공으로 박사 과정을 밟고 있다. 외국계 기업의 특징과 서류전형을 통과하는 팁들은 앞서 언급이 되었으니, 여기서는 면접 직전에 반드시 챙겨야 할 6가지 A.D.V.I.C.E에 대해서 조언하겠다.

I. Anchoring(닻을 내려라) — 면접 답변은 절대 외우면 안 된다

신입사원을 대상으로 다년간 면접을 진행하면서 가장 흔하게 벌어지는 상황은 면접자가 열심히 외워온 답안을 술술 읊다가 갑자기 몇 초간의 정적이 흐르는 것이다. 면접장이 그야말로 적막에 휩싸이는 찰나, 그 이후의 시나리오는 항상 같다. 면접자가 "죄송합니다. 다시 하겠습니다."라고 말하며 준비해온 멘트를 처음부터 다시 시작한다. 그러다 또 어딘가에서 멈춘다. 안 그래도 긴장되는 면접 자리인데, 이렇게 한 번 실수를 하고 나면 그 이후에는 더욱 긴장되기 마련이고, 결국 애써 외운 답안이 하나도 생각나지 않을 정도로 머리가 하얘진다.

살면서 이런 일을 한 번씩은 경험해보았을 것이다. 아무리 준비를 많이 하고, 모의 프레젠테이션을 연습해도 결국 어느 시점에는 머릿속에 있던 '밀가루 봉지가 터지는' 상황이 발생한다. 긴장감과 불안감을 극복하기 위해서 우리는 말할 내용을 스크립트로 만들고, 어느 순간부터 그 스크립트를 처음부터 끝까지 외우기 시작한다.

면접 답변을 외우지 말라는 것은 예상 면접 질문에 대한 답변을 준비하지 말라는 의미가 아니다. 면접에 대한 예상답변을 준비하되, 해당 질문에 대한 답변을 '키워드' 중심으로 준비해야 한다는 것을 의미한다. 준비한 키워드를 내 머릿속에 앵커링(Anchoring,

배에서 닻을 내리는 것처럼 머릿속에서 언제든 꺼내 쓸 수 있게 키워드를 넣어두는 기법)해놓으라는 의미다. 가령 자기소개를 준비한다고 생각해보자.

신뢰, 열정, 리더십이라는 3가지 키워드로 자기소개를 준비한다면, 각각의 키워드가 왜 자신을 나타내는지에 대한 근거나 에피소드가 머릿속에 있을 것이다. 그러면 그 3가지의 키워드만을 앵커링해서 면접장에 가는 것이다. 그리고 면접에서 그 키워드를 바탕으로 이야기를 순서대로 풀어가는 것이다. 준비한 스크립트를 읊어선 안 된다. 분명히 머릿속에 있던 밀가루 봉지가 터지면서 머릿속이 하얗게 되는 순간을 경험하게 되고, 그 대가는 면접 탈락으로 귀결된다.

"완벽하게 외워서 완벽하게 답변하면 되지 않나요?"라고 물어보는 취준생이 있었다. 그 방법이 자신에게 맞으면 그렇게 하면 된다. 하지만 정말 많은 시간과 노력을 필요로 하고, 더 중요한 것은 외워 온 티가 난다. 티가 나는 것이 뭐가 문제냐고? 중간중간 생각하느라 눈동자를 위로 향하면서 외운 내용을 떠올리고 다시 얘기하기를 반복하는 것은 면접관의 시선에서 너무나도 부자연스럽게 느껴진다. 그러니 내 말을 믿고 예상 질문에 대한 여러분의 답변을 키워드 중심으로 정리하고 앵커링해놓기 바란다.

2. Differentiation(차별화) — 똑같은 답변은 안 된다

"존경하는 인물이 있다면 누구인가요?"

면접에서 빈출하는 질문 중 하나인 이 질문은 "당신의 가치관 혹은 인생의 모토를 말해보세요."를 바꿔 묻는 대표적인 인성 면접 질문이다. 모든 면접 질문은 면접관의 입장에서 답해야 한다. 면접 관의 입장에서 듣기 좋은 말을 하라는 것이 아니다. 경험상 위의 질문에 대략 60% 이상의 취준생들이 말하는 답변은 아버지 혹은 어머니. 정답이 없는 질문이며, 자신이 존경하는 사람이 충분히 부모님일 수 있다.

맹점은 면접관이 여러분의 어머니 혹은 아버지가 누군지 모른 다는 사실이다. 누군가는 어머니의 희생정신을 존경하고, 누군가 는 아버지의 기업가정신 혹은 책임감을 존경한다. 이 질문에 면접 관의 입장에서 답하라는 말은 부모님을 존경하는 이유가 뚜렷하 다면 이름만 대면 누구나 알 법한, 그래서 면접관들도 알 만한 인 물을 찾으라는 것이다. 영화 속에서 가공된 인물이라도 면접관이 알 만한 사람이라면 상관없다. 영화 '안시성'에서 서번트 리더십을 보여준 양만춘이라면 그 존경하는 이유를 면접관에게 잘 어필하 면 된다. 그래야 면접관들이 여러분의 답변에 조금 더 공감대를 형 성할 수 있으며, 면접관들에게 여러분을 각인시키기가 용이하다.

생각해보라. 하루 동안 면접을 진행한 50명의 면접자 중 30명이 부모님을 존경한다고 답변했고, 그 30명 중 아버지를 존경하는 사람이 27명이다. 과연 면접관의 뇌리에 여러분이 얼마나 영향력 있게 자리매김할 수 있을까? 이 질문 하나로 면접의 당락이 결정되는 것은 아니지만, 이런 답변이 모여서 결국 면접 성패를 좌우한다. 그리고 면접은 주어진 시간 안에 최대한 나라는 브랜드를 잘 영업하고 와야 하는 자리이므로, 면접 질문 하나하나에도 전력투구해야 한다는 점을 명심하기 바란다.

3. Viewpoint shift(관점 전환) ─ 탈락하는 길, '자소서 어떻게 채우지?'

"완벽함이란 더 이상 보탤 것이 남아 있지 않을 때가 아니라, 더 이상 뺄 것이 없을 때 완성된다." 생텍쥐페리의 명언은 자기소개서를 쓸 때 머릿속에 새겨야 할 원칙이다. 자기소개서를 쓰다 보면 항목별로 500~3,000자를 채워야 한다. 어떤 자기소개서 양식이든 다음의 항목들에는 직무에 따라 사용할 수 있는 에피소드를 적어도 3~5개까지 확보해두어야 한다.

1. 자기소개
2. 성장과정

3. 지원 동기

4. 성격의 장단점

5. 가장 힘들었던 경험과 극복 방안

같은 경험 혹은 에피소드라도 직무별로 다른 내용으로 준비한다. 가령 치킨 전문점에서 아르바이트 하면서 얻은 경험을 '메시지화'할 때, 영업 직군은 "고객이 어떤 성향인지 재빠르게 파악한 후 그에 맞게 대해야 한다."는 메시지를 전달할 수 있으며, 마케팅 직군은 "비슷한 상품군의 경우, 브랜드 인지도가 고객의 선택을 좌우하는 가장 중요한 요소라는 것을 몸소 체험했다."는 메시지를, 인사 직군은 "고객과의 접점에서 일하는 아르바이트생을 제대로 채용하고 잘 교육시키는 것이 얼마나 중요한지에 대해 깨달았다."는 메시지를 준비할 수 있다.

각 직군의 자기소개 대표 항목마다 이런 주제 혹은 내용이 준비되어 있으면, "2,000자를 어떻게 채우지?"라는 피동적인 관점이 아니라 "2,000자 제한 안에서 어떤 요소를 선별해서 나를 최대한 잘 어필하지?"라는 주도적인 입장에서 자기소개서를 작성할 수 있다. 내가 가진 10개의 리소스 중에 3개를 선별해서 쓴 자기소개서와 3개의 리소스를 간신히 생각해내느라 끙끙대며 쓴 자기소개서는 차원이 다르다. 대다수의 취준생들과 다른 관점에서 쓴 자기소개서는 인사 담당자의 입장에서 확연하게 눈에 띈다.

4. Icebreaker(먼저 움직이자) ─ 경쟁자들에게 말을 걸어라

신입사원은 대부분 그룹면접 형태로 면접을 진행하게 된다. 그러면 면접자 대기실에서 다른 경쟁자들과 함께 면접 순서를 기다리기 마련이다. 이때 대부분의 취준생들은 준비해온 면접 답안을 반복해서 외우느라 바쁘다. 애써 준비해온 내용을 면접 직전까지 반복 연습하는 것도 의미 있는 일이겠으나 조금 다른 것을 당부하고자 한다.

이 황금 같은 시간에 무엇을 해야 할까? 면접 순서를 기다리고 있는 경쟁자에게 용기 내서 말을 걸어야 한다. 이런 작업(?)을 해야 한다고 주장하는 이유는 2가지다. 첫째, 면접에선 긴장하는 순간 여러분의 원래 모습을 보여주기가 힘들고 부자연스러워진다. 즉, 자신의 진면목과 가치를 면접관에게 어필하기가 어려워진다. 그리고 내가 긴장하는 만큼 옆의 경쟁자도 똑같이 긴장하게 된다. 그렇다면 모두가 긴장할 수밖에 없는 자리에서 여러분이 경쟁자보다 조금 더 유리해지는 가장 쉬운 방법은 경쟁자들보다 긴장을 덜 하면 된다. 그렇게 하기 위한 가장 좋은 방법은 경쟁자와 담소를 나누는 것이다.

면접 전에 누군가와 대화하면서 '혀를 미리 푸는 것'이 좋다. 면접에 들어가서 면접관에게 준비한 답변을 공개하기 전에 옆에 있는 경쟁자와 대화의 워밍업을 해두라는 말이다. 운동 전에 스트

레칭이나 가벼운 달리기로 몸을 데우면 관절이나 근육에 부상 위험이 현저히 줄어드는 것과 같은 이치다. 오른쪽에 있는 경쟁자가 나와 말하기를 싫어하는 것 같으면, 왼쪽에 있는 경쟁자에게 말을 걸어보라. 용기 내서 말을 걸었는데, 싫어하거나 무시당하면 민망할 것 같은가? 어차피 이 자리가 아니면 마주칠 가능성이 지극히 적고, 다른 사람들은 그런 것에 신경 쓸 여력도 없어 보일 것이다.

그렇다면 무슨 질문을 해야 할까? 그날의 면접과 관련한 간단한 질문 혹은 취준생끼리 할 수 있는 쉬운 질문을 던져보라. 가령 "어느 부서(사업부)에 지원하셨어요?", "저는 여기 말고 XX 기업도 지원했는데 또 어디 지원하셨어요?"(항상 먼저 내 패를 까야, 상대방도 본인 패를 깐다) 등의 질문 말이다. 여기에 옆자리의 경쟁자와 담소를 나누라는 두 번째 이유가 있다. 취업에 대한 직접적인 정보나 다른 기업의 채용 상황 등에 대한 정보를 부수적으로 얻을 수 있다. 나는 실제로 경쟁자에게서 얻은 정보를 듣고 면접이 끝나자마자 그 기업에 지원해 면접까지 갔다.

5. Self-reflection(복기)—면접 후 3가지를 복기하라

"승리한 대국의 복기는 이기는 습관을 만들어주고, 패배한 대국의 복기는 이기는 준비를 만들어준다." 바둑기사 조훈현 9단의 명언이다. '복기復碁'라는 말은 원래 바둑에서 유래했다. 대국이 마무리되고 난 이후에, 승인 혹은 패인을 분석해서 다음번에 같은 실수를 반복하지 않으려는, 더 탄탄한 전투 태세를 갖추기 위한 자아 성찰의 과정이다.

면접이 끝나고 반드시 해야 할 3가지 복기가 있다. 첫째, 내가 이번 면접에서 잘했다고 생각하는 것을 기록한다. 둘째, 다음번에 이번 면접과 똑같은 면접 기회가 주어진다면 개선해야 할 내용을 기록한다. 가장 중요한 셋째는 이번 면접을 통해 얻은 학습 효과 또는 교훈을 기록한다. 영어로는 lesson learning이라고 표현한다.

면접 과정에서 직접적으로 교훈을 얻은 사람도 있고, 자신의 부족한 점을 스스로 깨닫는 사람도 있으며, 경쟁자로부터 중요한 깨달음을 얻는 사람도 있다. 이번 면접을 통해서 깨달은 바가 있다면, 그것만으로도 굉장히 보람된 과정을 거친 것이라 생각해야 하며, 취업 성공으로 가는 한 발짝을 내딛은 것이므로 반드시 기록해 두어야 한다.

나는 가급적 엑셀에 워크시트를 활용한다. 워크시트의 이름은 'ABB코리아(140212)', '아디다스코리아(180722)', 'CBRE코리아

(200218)'와 같이 면접 본 기업과 날짜를 기록해두는 식이며, 엑셀 파일의 워크시트 숫자가 늘어날수록 면접에서 나의 강력한 무기가 늘어난다고 생각한다. 면접 복기 전략은 다음에 소개할 내용과 항상 같이 실천하길 권한다. 내 경험상 면접을 거듭할수록 이 2가지만큼 큰 시너지를 내는 면접 준비법은 없었다.

6. Experience(경험 쌓기) — 면접은 '무조건' 많이 본다

의견이 가장 분분한 주제다. 일단 나의 대학 시절 구직 경험담을 얘기해보겠다. 나는 4학년 1학기부터 내가 지원할 수 있는 기업은 모조리 지원했다. 남들이 다들 지원하는 삼성, LG, SK, 롯데, 한화 등 국내 대기업들은 당연하거니와 처음 들어보는 중소기업들, 그중에서도 직원 규모가 10명 미만이며, 오피스와 옷감 재고 창고가 같이 있어 퀴퀴한 냄새가 나는 곳에서 면접을 진행하는 곳까지 다 지원했다.

내가 인생의 모토로 삼고 있는 삼인행필유아사三人行必有我師, 즉 불특정한 세 사람이 걸어가고 있으면 그중에 반드시 나의 스승이 있다는 뜻으로, 나는 세상에 존재하는 어떤 사람이나 경험에서도 반드시 배울 점이 있다고 생각했다. 실제로 그렇게 지원한 기업의 면접에서 기대하지도 못했던 여러 산업에 대한 지식이나 면접에 대한 직접적인 깨달음을 얻었다.

나는 여러 기업에 대거 지원해놓은 상태라 면접에 대한 입질이 하나씩 들어오고 있었다. 그중 한 곳은 경기도에 있는 소비재를 취급하는 국내 중소기업 A였다. 중소기업이긴 하나, 소비재를 취급하는 업체라 이름만 대면 모두 다 알 만한 기업이었다. 당시 그 기업은 하반기 공채로 채용을 진행했는데, 일반 소비자들에게 인지도가 높은 편이라 면접자 대기실에 어마어마하게 많은 취준생들이 대기하고 있었다.

4인 1조로 편성된 그룹면접이었다. 그룹면접을 한 번이라도 경험해본 사람은 알겠지만, 면접 분위기를 보면 내가 이 기업에 합격할 가능성이 높은지, 떨어질 가능성이 높은지 알 수 있다. 그룹면접에 함께 들어간 다른 후보자들의 수준(?)을 통해 나의 합격 정도를 가늠할 수 있는 것이다. 내가 봤을 때 나보다 똑똑하고 잘난 사람들이 나와 같은 그룹에 속해 있었다면 나는 탈락할 가능성이 높은 것이다. 그 중소기업 면접이 그러했다. 나를 제외한 다른 3명은 내가 사장이라도 채용하고 싶은 답변과 인성을 보여주었다. 결국 나는 그 기업의 면접에서 탈락했다.

그다음 날 강남에 소재한 중소의류업체 B에 예정된 면접을 참석했다. 여기에서도 4인 1조의 그룹면접이 진행되었으며, 나의 경쟁자들은 나보다 월등하다고 말할 수는 없었다. 결론적으로 나는 그 기업에 최종합격했다. 여기서 비교해보겠다. 두 그룹을 모두 경험한 나를 중간값median value인 50으로 둔다면 A기업에서 내가 만났던 나의 경쟁자들은 최소한 80점 이상은 줄 수 있을 법했다. 그리고 B기업에서 내가 만났던 나의 경쟁자들은 30~40점을 줄 수 있을 법했다. 물론 회사와 지원자와의 적합도 같은 여러 가지 변수를 배제한다는 조건의 단순 비교다. A와 B가 최종적으로 제시한 신입사원 연봉은 2003년 기준으로, A기업이 1,700만 원, B기업이 2,600만 원이었다.

A기업에는 내가 떨어졌으니, 나보다 낫다고 생각한 그 누군가는 입사했을 것이고, B기업에는 내가 최종적으로 입사 포기를 했으니, 나보다 낫지 못한 것 같은 누군가가 입사했을 것이다. A기업에서 봤던 그 뛰어난 경쟁자들이 만약 모든 곳에 지원하지 않고 선택적으로 기업에 지원했다고 가정해본다면, B기업이라는 곳의 존재조차 알지 못하고 A기업에 입사해서 직장 생활을 시작할 수도 있는 것이다.

지원할 수 있는 만큼 최대한 많이 지원해놓고, 최대한 많은 면접 경험을 쌓아두는 것이 좋다. 면접에 응할지 말지 선택은 이후에 하면 된다. 면접을 한 번이라도 더 보면 그것을 통해 반드시 한 가지는 배우는 것이 있으며, 아울러 결과가 좋아서 여러 곳에 합격하는 것은 덤이다. 지난 8년간 취업 특강이나 모의면접을 나갔던 대학교가 어림잡아 20개교가 넘는다. 대학을 방문할 때마다 대학 내 취업 지원실 담당자에게서 전달받는 아쉬운 점은 학생들을 모의 면접에 지원하게 하려면 당근이 필요하다는 푸념이었다. 학생이라면 학교마다 설치되어 있는 취업 지원실에서 주관하는 모의면접 기회에 열일을 제쳐놓고 반드시 지원하기 바란다. 실제로 기업체에 지원하는 복잡한 과정 및 서류전형을 거치지 않고도 현직 인사 담당자들과 면접을 체험할 수 있는 좋은 기회이니 말이다.

어떻게 차이를 만들고 성장할 것인가

김수진, (전)한독, 피자헛, 맥쿼리증권, 스탠다드차타드은행

1987년, 서울여상을 졸업하고 삼성물산에 입사해 서울시청 앞 삼성 본관에서 근무하며 해외영업 보조 업무를 담당했다. 그해 6월에는 민주화 항쟁으로 점심시간과 퇴근시간에는 대학생 시위대와 함께 "호헌철폐 독재타도"를 외쳤다. 그리고 그해 11월에는 삼성그룹 창업주인 이병철 회장이 별세하시고, 회사장으로 장례를 치르던 중 내가 근무하던 삼성 본관 앞으로 이병철 회장의 운구 행렬이 지나갔다.

나의 사회생활은 대한민국의 역사와 함께하는 진한 기억으로 시작했다. 삼성의 세계화와 함께 나의 글로벌 기업 역사도 시작되었다. 일본, 미국, 영국, 스위스, 호주계 회사에서 영업기획, 마케팅, 인사, 홍보 업무를 담당했다.

외국계 기업 경력의 시작은 JTI코리아라는 스위스 제네바에 본사를 둔 담배회사다. 5명 규모의 일본계 회사로, 연락사무소였던 JTI에 나는 고졸 사원으로 입사했다. 대학교 1학년 여름방학에 입사했으니까 서울여상 졸업 이후 2년간 삼성물산에 재직한 후 퇴사하고 국민대학교 영어영문과에 입학했다. 가난했던 가정 상황을 고려하여 여상을 다녔지만, 대학의 꿈을 버릴 수 없어서 무모하게 직장을 그만두고 대학을 갔으나 2년간 모아 두었던 300만 원으로 1학기 등록금인 70만 원을 내고 생활비를 충당하고 나니 통장 잔고는 바닥을 드러냈다. 과외로 월 15만 원을 벌어도 통장 잔고를 채우기는 어려웠다.

그래서 작은 기업이지만 계약직 취업의 기회가 왔을 때 마다 않고 지원했다. 월급으로 40만 원을 받으며 일했다. 방학이 끝나갈 무렵 B형 간염이 발생하여 무리하지 말라는 의사의 권유에 따라 대학을 휴학하고 직장 생활에 전념했다. 열심히 일했고, 고졸, 대졸의 차별 없이 판매 및 마케팅Sales&Marketing 관리자로서 여러 가지 역할을 담당하며 성장했다. 이후 지점장님의 배려로 야간 수업으로 대학 과정을 마치고 과 수석으로 졸업했다. JTI에서 17년간 근무하면서 마케팅 리서치 매니저, 브랜드 매니저, 인사 담당 차장 등의 직무를 경험했다.

인생에서 외국계 커리어가 가지는 의미

부족한 영어 구사능력을 가지고 있었음에도 불구하고 5명 규모의 연락사무소의 사업 초창기 멤버로서의 이점 덕분에 주요 보직을 경험하고 승진할 수 있었으며, 해외 연수나 출장의 기회도 많았다. 언어 능력을 타고나지는 못해서 실력을 늘리는 데는 시간이 오래 걸렸으나 지속적으로 영어 능력 향상을 위해 노력했다.

　JTI를 퇴사하고, 타워스페린Towers Perrin이라는 미국계 인사컨설팅 회사로 이직했다. 이후 영국계 은행 스탠다드차타드은행에서 아멕스은행을 인수합병하는 프로젝트 담당 과장, 호주계 투자은행 맥쿼리증권에서 9개 회사의 인사 담당 부장, 미국 제2의 프랜차이즈 대기업 염브랜즈Yum Brands의 한국법인 피자헛에서 인사 총괄 임원까지 경험했다. 제약회사 한독에서의 인사 담당 임원으로 있었으며, 지금은 로킷헬스케어Rokithealthcare라고 하는 바이오벤처기업에서 인사 총괄 및 홍보마케팅 총괄 임원으로 재직하고 있다.

　학벌도 언어 능력도 뛰어나지 않은 내가 이름만으로도 그 회사를 설명하지 않아도 되는 인지도가 높은 세계적인 기업들에서 주요 보직들을 경험할 수 있었던 원동력은 무엇일까? 꿈을 가졌고, 작게 쪼갠 시간들 속에 목표들을 이루어갔기 때문이라고 생각한다. 어린 시절부터 여성으로서 보호받지 않으면서도 남성들과 당당하게 겨루며 전 세계를 무대로 일했다. 한 시대를 살다 간 존재로서 의미 있는 흔적을 남기고 싶었다.

나의 자녀와 후손, 그리고 미래를 꿈꾸는 청년들에게, 가진 것 없어도, 환경이 뒷받침해주지 않아도 하면 된다는 희망을 심어주고 길을 안내해주고 싶다는 꿈을 가졌다. 그리고 현실 속에 내가 정한 작은 목표들을 이루어갔고, 그 결과물은 작은 기적이 되었고, 그것들이 모여서 나의 지나온 삶의 굵은 흐름을 만들며 점점 강한 힘을 만들어내고 있었다. 그것이 나를 지금 여기에 있게 해주었다고 생각한다.

외국계 기업에서 근무한다는 것은 넓은 세상을 무대로 다양한 문화를 경험할 수 있는 기회에 노출된다는 것이다. 보다 폭넓은 사고를 하는 사람들과 함께 일할 수 있고, 또한 해외 근무 등의 기회를 통해 넓은 세상으로 나갈 수도 있다. 언어를 배우는 것는 그 문화를 배우는 것이다. 다국적 기업에서 일한다는 것은 다른 문화를 경험하는 것이다. 문화의 다양성에 대한 열린 태도를 갖게 된다. 두 명의 대학생 자녀를 둔 내가 아이들로부터 꼰대라는 소리를 듣지 않고 여전히 열린 대화를 할 수 있게 해준 무기라고 생각한다. 외국계 기업 또는 글로벌 기업에 근무하는 것이 주는 이점 중 내가 생각하는 가장 큰 이점은 '열린 사고'를 할 수 있다는 것이다.

글로벌 시장을 향한 벤처기업의 인재 채용 기준은?

현재 근무하고 있는 글로벌 기업 로킷헬스케어는 한국 시장보다는 해외 시장을 중점적으로 공략하고 있기 때문에, 생산 관련 업무를 하는 직원들을 포함하여 전체 직원들 중 상당수가 영어를 유창하게 구사한다. 전 세계에서 한국의 비중을 2% 정도로 본다. 해외 시장의 중요성이 98%를 차지하니, 직원들의 글로벌 역량은 매우 중요하다. 2018년 9월에 입사한 이후 이곳에서 나는 1년간 60명의 직원을 채용했고, 그중 경력이 없는 신입사원의 비중이 절반 정도다.

모든 기업은 우수한 인재를 채용하고 싶어 한다. 이는 기업이 생존하기 위한 절대적인 선택이다. 구직자 입장에서 좋은 기업을 찾기 위한 절대적 바람이 있는 것처럼, 기업도 시기와 상황마다 필요한 인재를 뽑기 위한 절실함은 그만큼 강하다. 이 역할을 하는 사람들이 인사 담당자, 해당 사업부 관리자, 최고경영자이고, 이들이 서류전형을 통해 1차적으로 인재를 골라내고, 수차례의 면접을 통해 그 기업과 열린 포지션에 맞으며 오래 함께 일할 인재를 찾아내는 것이다.

로킷헬스케어도 기업의 생존과 번영을 위해서, 인류의 건강한 삶을 위한 사명을 가진 바이오 기업으로서, 벤처기업의 특성을 이해하며 함께 달려갈 인재를 찾으려 한다. 이런 점이 이력서와 자기소개서에 드러나고, 면접을 통해 확인될 때 채용을 결정한다. 이러한 내용은 채용 공고와 JD에 표현되어 있으니 이를 참고해 지원자가 가진 수많은 강점과 장점을 진정성 있게 나타낸다면 구직의 성공 확률을 높일 수 있다.

가슴을 뛰게 하는 이력서와 면접

면접을 보면 몇 마디만 나누어보아도, 그 눈빛과 말에서 그 사람과 일해보고 싶다는 생각과 함께 가슴 뛰게 하는 인재들을 만난다. 웃는 얼굴, 지원한 회사와 포지션에 대한 진정성 있는 애정, 입사하고자 하는 바람과 더불어 밝은 에너지가 전해져올 때 좋은 첫인상이 좋은 평가 결과로 이어지곤 한다.

생글생글 웃는 맑은 얼굴, 국영 문화홍보기관의 행사 진행 보조에 적극적으로 임했다는 자신감 있는 대답, 부모님과 해외에서 거주하며 국제학교를 다녀서 유창한 영어를 구사하는 그녀는 3개월 비서 업무 계약직에 합격했다. 나는 그녀를 면접에서 만났을 때부터 그녀의 밝은 모습과 우리 회사에 대한 애정, 그리고 일을 하고 싶다는 절실함을 보았기에, 그녀와 함께 일하고 싶어 가슴이 뛰었다. 인사 직무에 잘 맞는 커뮤니케이션 스킬과 태도를 가진 그녀를 결국 인사 담당으로 데리고 왔다.

나는 그 당시 회사 상황을 고려했을 때 필요한 조건을 갖춘

3개월 계약직 비서에 적합한 사람을 찾는 데 어려움을 겪고 있었다. 내가 활동하던 여성 임원 커뮤니티에 지인 추천을 요청했다. 한 여성 임원이 자신의 멘토링 과정에서 눈에 띈 취준생에게 이 포지션을 추천했던 것이 그녀가 우리 회사에 지원하게 된 동기였다. 결국 그녀는 멘토링이라는 과정에 참여한 적극성 덕분에 포지션 추천을 받게 된 것이고, 자신의 희망과는 거리가 먼 단기 계약 비서직임에도 불구하고 지원했던 열린 사고가 결국 인사 직무라는 기회에 닿게 했던 것이다.

내가 있었던 외국계 회사들에 면접을 보러 오는 사람들은 대체로 서류전형을 통과한 사람들이다. 그들은 외국계 기업에서 일할 만한 일정 수준의 경험과 역량을 갖춘 사람이라 여겨지는 후보자들이다. 그럼에도 불구하고, 면접 시간에 늦는다거나, 면접 시간에 임박해서 길을 못 찾아서 전화가 온다거나 하는 경우들이 있다. 이렇게 된 개개인의 상황은 모두 이해하지만 어쨌든 마이너스 점수로 시작한다. 이 회사와 포지션에 대한 높은 애정과 철저한 자기관리가 있다면 일어나지 않을 상황인 경우가 대부분이기 때문이다. 면접 중에 면접관과 논쟁하려 드는 사람, 서류전형에 합격했다고 연락하고 면접 과정을 안내하는 사원에게 무례하게 대하는 후보에게도 마이너스 점수를 주는 경우도 있다. 채용의 모든 과정이 관찰된다고 생각하면 된다.

외국계 기업은 후보자를 동시에 여러 명을 놓고 면접을 진행하는 경우가 드물다. JTI, 맥쿼리증권, 피자헛에서 모두 그러했다. 다만, 2003년 JTI에서 예기치 않은 상황으로 인해 3개월 동안 350명의 영업사원을 채용하고 전국 21개 지역에 영업사무소를 만들어야 했을 때, 다수의 면접관이 다수의 후보자를 면접하는 형태로 진행했다. 외국계 기업이 한 명의 후보자를 면접 보는 이유는 후보자 한 명, 한 명에 대해서 집중적으로 이해하고 다수의 면접관의 의견을 종합하여 결정을 내리기 위해서다.

이때 면접관들에게는 채용 결정을 하기 위한 기준이 주어진다. 이 기준은 회사의 인재상, 미션, 비전, 가치관을 나타내는 행동을 후보자에게서 관찰하고 평가하는 역할을 한다. 면접을 마치고 나면 면접관들이 평가 결과를 공유하는 시간을 '평정'이라고 하는데, 다수의 면접관이 후보자에 대해 비슷한 평가를 하는 경우가 대부분이다. 의견이 크게 엇갈리는 경우는 드물다. 이는 외국계 기업, 국내 기업, 공공기관에서 모두 나타나는 현상이다. 즉 회사가 제시한 평가 기준과 함께, 사회 경험을 가진 면접관들이 사람을 보는 기준이 비슷하다는 것이다.

이력서와 자기소개서를 볼 때 1차적으로 떨어뜨리는 판단 기준은 간단하다. 철자가 틀린 이력서, 직무 연관성이 없는 이력서, 다른 회사 이름이 등장하는 이력서와 자기소개서, 자신감이 없어 보이는 자기소개서, 매우 창의적인 역량을 필요로 하는 직무가 아닌 통상적 조직 내 업무가 필요한 직무에 지나치게 화려하거나 창의성이 발휘된 이력서다. 글 쓰는 방식을 통해서도 그 사람을 관찰할 수 있기 때문이다. 선정되는 이력서는 채용 공고와 JD에 기재된 요구사항에 부합하는 이력과 인성의 특성들이 표현된 것들이다.

이런 사람은 면접에서 합격한다

외국계 기업은 신입 정규직 채용이 거의 없다. 왜냐하면 외국계 기업의 한국법인은 대부분 인원을 최소화하여 운영하기 때문이다. 정규직 인건비는 고정비다. 훈련되지 않은 신입을 뽑아서 1년을 훈련시키는 비용에는 급여뿐 아니라, 공간 임대료, 훈련하는 관리자 및 선배의 인건비, 복리후생 비용 등이 모두 소요되는데, 이를 합하면 연간 1억 원이 넘는다. 그럼에도 1년 이내 퇴사율이 60% 정도이니 이를 부담하고 싶지 않은 것이다. 이미 직무경험을 갖고 직장 생활의 전반을 아는 경험자를 데리고 일하고 싶어 한다.

　인사 담당자는 구직자의 기업문화 적합성과 인성 적합성을 주로 판단한다. 서비스업에서는 직원들이 고객 지향적이며 활달하고 적극적인 커뮤니케이션 스킬을 가지고 있는 인재를 채용하고 싶어 한다. 새롭게 시장을 개척하고 도전적인 사업을 펼치는 실리콘밸리의 기업들은 창의성과 도전정신을 가진 인재가 필요할 것이다. 금융업이나 의료, 제약업에서는 신중함, 정직함, 고품질 지향

등의 성향을 가진 인재가 필요할 것이다. 이처럼 직무뿐 아니라 산업군에 따라서도 인재상이 다르듯 각 회사가 추구하는 인재상과 문화가 다르다. 이러한 기업문화를 유지하는 것이 기업의 지속 가능성과 협업으로 인한 사업 효율을 높여주기 때문이다. 인사부에서는 이러한 문화 적합성을 판단해 직원을 채용한다.

인사 담당자는 직원을 선발할 때 그 기업이 추구하는 문화와 가치에 후보자가 잘 맞는 인재인지를 판단하려고 한다. 'Company Hat(회사라는 모자)'을 쓰고 후보자를 바라본다. 글로벌 프랜차이즈 회사, 제약회사, 바이오 벤처회사 등에서 인사 담당 임원으로 근무한 경험을 가진 나는 내가 속한 회사들의 문화가 무엇인지, 이 회사들이 얻고자 하는 인재상이 무엇인지를 고려하여 후보자를 관찰한다. 이는 외부 면접관으로 활동하며 공공기관이나 공기업에서 면접관의 역할을 할 때에도 해당 기관의 인재상을 고려하며, 인성을 관찰하려 한다.

산업의 특성과 기업이 추구하는 바에 따라 도전정신과 적극성으로 창의성을 발휘할 인재를 선호하기도 하고, 친절함과 수용성을 갖고 조직에 융화하는 인성이 돋보이는 인재를 원하기도 한다. 이처럼 기업이 추구하는 '문화'와 '인재상'은 매우 중요한 선정 기준이 되며, 인사 담당자는 이 부분을 검증하는 것이 중요한 업무라는 점을 강조하고 싶다.

라인 매니저(해당 직무의 관리자)도 인사부의 시각과 다르지는 않지만, 중점적으로 판단하는 기준은 직무능력과 해당 부서원들과의 융합일 것이다. 따라서 면접 장소에서 인사부와 라인 매니저가 동석했다면 면접 질문에 답변할 때 이 점을 전략적으로 판단해 면접관이 듣고 싶은 답을 하면 좋은 점수를 얻을 수 있다.

지원자의 입장에서 이 부분을 활용한다면, 해당 기업에 대한 문화와 인재상에서 자신이 부합하는 부분이 있는지에 대한 사전 분석 및 자기 이해를 통해 지원 여부를 판단해야 한다. 또한 지원자로서 자소서를 작성하거나 면접의 답변을 준비한다면 나라는 사람의 인성과 특성 중에서 해당 기업과 부합되는 부분에 대해 자신감 있게 어필할 때 취업의 성공 확률을 높일 수 있다.

내가 공공기관의 외부 면접관으로 활동할 때 오전 9시부터 오후 6시까지 30분 간격으로 60~80명의 면접을 봤다. 면접을 마치고 매우 큰 피로감을 느꼈다. 그것은 후보자들이 보내는 강한 에너지 때문이라고 생각한다. 면접에 참석하는 후보자가 입사를 소망하고, 지원한 회사와 포지션에 대한 애정을 보여주는 경우 분명 가산점을 주게 된다. 포지션과 회사에 대한 진정성이 담긴 애정과 열정을 보이는 후보자가 화려한 스펙을 가진 후보자보다 좋은 점수를 얻는 경우는 종종 있는 일이다.

자기 자신에 대한 믿음 위에 여러분이 앞으로 이 회사를 위해 공헌할 것이라는 것, 공헌을 위해 최선을 다할 것이라는 것 등에 대한 확신에 찬 표현은, 면접관이 '이 사람에게 일을 맡기면 책임감 있게 해 내겠구나.', '앞으로 어려움이 닥쳐와도 문제를 해결해 나갈 수 있겠구나.' 하는 신뢰감을 갖게 한다. 이런 자신에 대한 신뢰는 진정성이 담겼을 때 그 힘을 발휘한다.

멈추지 말고 계속 가라

이규현, 세계 최대 스포츠용품 제조기업 N사 (전)휠라, 신한카드

지금 다니는 회사를 막연하게 동경했지만 나의 직장이 될 것이라고 생각한 적은 없었다. 대학교를 졸업하고 취업하겠다고 원서를 쓰기 시작한 이후로 10여 년이 지나가는 시점에서 돌이켜보면 마음속에 있던 한 문장이 지금의 나를 만들어준 것 같다. "Better than yesterday(어제보다 나아져라)."

글로벌 기업에 취업하겠다고 목표를 삼았던 적은 없었다. 지방에서 남중, 남고를 다니면서 일관되게 했던 한 가지는 운동이었다. 그렇게 학창시절을 보내다 서울에 있는 모 대학교의 경영학과에 입학했고 그곳에서 학창시절과는 다른 세상을 맞이했다. 주입식으로만 이루어지는 중고교에서의 교육과는 다르게 대학교의 경영학과 수업은 참여형으로 진행되는 경우가 많았다. 내성적인 나

는 친척들과의 만남에서도 쭈뼛쭈뼛해졌는데, 하물며 누군가의 앞에 나선다는 것은 두려움으로 다가왔다.

경영학과에서 발표는 피할 수 없었다. 1학년 전공 수업 가운데 발표하지 않는 수업은 회계 과목 하나뿐이었다. 경영학원론, 경영과학, 국제 경영론 등 수많은 수업들에는 중간 발표와 기말 발표가 포함되어 있었고, 발표에 대한 두려움에 마음 졸이며 수업을 들었다. 조 편성이 이루어지고 발표자를 선정하는 시간. 나와 같은 마음이었는지는 모르겠지만 다수의 학생들이 기피했고, 가위, 바위, 보로 발표자를 정했다.

종종 발표자로 선정됐다. 지금 생각해보면 아무것도 아닌 것을 왜 그렇게 두려워했을까? 내가 발표를 잘 하지 못한다 해서 어느 누구도 나를 책망하거나 비난하지 않는데 그때의 나는 온몸을 떨면서 발표했다. 발표가 끝난 후 나 스스로 책망하며 집으로 돌아오기를 반복하며 1년의 시간이 지나고 군대에 갔다.

나 자신을 이기기 위한 도전

과거와 같은 모습으로 지내고 싶지 않았다. 2학년부터는 모든 발표 수업을 다 듣기로 결심했다. 그리고 발표자를 선정할 때 피하지 않기로 했다. '아무도 하고 싶어 하지 않는다면 내가 한다.'는 마음으로 많은 PT를 맡았다. 하지만 마음이 바뀌었다고 무대 위에서의 공포가 사라지는 것은 아니었다. 그렇지만 부딪혀서 이겨내겠다는 마음은 변함이 없었고 반복되는 경험은 나를 조금씩 변화시켰다.

학교에서 발표 수업에 적극적으로 참여하는 한편 나는 낯선 이들과의 만남에도 적극적으로 다가갔다. 외부 연합 동아리와 공모전은 내성적인 나를 변화시킬 수 있는 기회였다. 마케팅 공모전 동아리에 지원했고 면접을 거친 뒤 합격했다. 그 순간이 인생에서 처음으로 면접에 합격한 것이었다. 이전에도 면접 기회는 종종 있었다. 고등학교 시절 연극부에 지원한 적이 있었고, 대학교 수시 면접에도 지원했다. 그러나 모두 실패로 끝나고 말았다.

마케팅 공모전을 준비하면서 무수하게 많은 미팅을 진행했고 그 속에서 틈틈이 진행되는 PT는 대중 앞에서 나를 드러내는 연습이 되었다. 반복되는 PT를 진행하면서 더 이상 무대 앞에서 눈앞이 깜깜해지는 일은 사라졌고, 사람들을 바라보면서 내가 전달하고자 하는 바를 전달할 수 있게 되었다. 단지 어제보다 조금 더 나은 내 모습을 꿈꾸며 매 순간 최선을 다했다. 그렇게 변화된 모습으로 졸업을 앞두고 취업 준비를 시작했다.

어학연수, 인턴 경험 한 번 없이

학교 수업에 열심히 참여하고 공모전 동아리에서 활동한 것을 통해 나는 커뮤니케이션 스킬이 향상되었고 성격이 변화했다. 하지만 스펙이라고 하는 정량적인 부분에서는 크게 향상되지 못했다. 교환학생이나 어학연수를 간 것도 아니어서 언어적으로 자신감도 별로 없었다. 졸업하기까지 인턴 경험도 쌓지 못했다.

정량적인 부분에서의 아쉬움은 서류전형 탈락으로 이어졌다. 자기소개서를 스토리식으로 구성해보았다. 박카스 국토대장정 선발에서 탈락한 이후 친구들과 함께 만들어낸 우리들만의 국토대장정, 2회에 걸쳐 참석했던 정부에서 진행한 글로벌 독립 유적지 탐방단, 그리고 15번에 걸친 공모전 경험(수상은 2회밖에 하지 못했다.), 대학 연합 마케팅 공모전 동아리 창립 등등 최대한 학교 생활의 경험들을 활용해서 구성했다. 서류를 쓸 때마다 회사와 직무, 그리고 그에 따른 스토리를 조금씩 다르게 구성했는데 이렇게 만든 자기소개서가 60여 개 정도였다.

수많은 곳에 지원했고 결과적으로 10%가 조금 넘는 승률을 가지고 면접전형을 거쳤다. 다행스러운 점은 면접전형에서의 승률은 50%를 웃돌 만큼 나쁘지 않은 결과였다. 그렇게 해서 최종적으로 합격했던 제약회사, 물류회사, 그리고 스포츠패션 기업 가운데 나는 스포츠 패션 브랜드 F사를 선택했다. F사를 선택했던 이유는 한 가지였다. 자유로운 분위기가 형성된 회사로 알려져 있었기 때문이다. 졸업 후 힘겨웠던 취업의 터널에서 빠져 나왔다는 안도감과 함께 인생의 첫 사회생활을 시작했다.

반복되는 삶에서 회의를 느끼다

F사는 유통망이 크게 백화점과 대리점으로 나누어져 있었다. 대리점을 통해 더 많은 수익이 발생했지만 백화점 관리를 대리점보다 더 중요하게 생각했다. 백화점 입점 브랜드라는 타이틀을 잘 관리해야 소비자들에게 이미지를 제고시킬 수 있다는 점 때문이었다. 당시 나는 백화점팀을 담당하며 서울을 포함한 일부 지역 백화점에 입점한 F사의 매출과 매장 환경, 판매 인원에 대한 관리를 담당했고, 이와 동시에 백화점 바이어들과 주기적인 미팅을 통해 매출을 극대화시킬 수 있는 방안을 설계하는 일을 했다.

백화점팀 영업사원은 쉽지 않았다. 백화점은 1년에 한 번씩 특정 상품군을 평가해 하위 브랜드를 퇴점시키고 인기 있는 신규 브랜드를 입점시키는 형태를 보이는데, 당시 F사는 하위 3개 브랜드에 종종 선정돼서 퇴점 위기에 처해 있었다. 내가 담당한 백화점의 매장이 퇴점되지 않게 하기 위해 각양각색의 방법들을 활용했다. 안정적인 매출을 올리는 매장에서 인기 있는 상품을 부진 매장으로 이동시켰고, 대량 구매 건의 매출은 위기 매장으로 돌리는 등 다양한 방법을 활용했다.

한편으로는 백화점 바이어와의 접점을 자주 늘려서 우리 브랜드만 펼칠 수 있는 행사 기회를 얻기 위해 노력했다. 외부 매장에 돌아다니는 시간이 많았지만 회사 사무실에서 매출을 분석하는 데도 많은 시간을 쏟았다. 내부 전산망을 통해서 일별, 주별, 월별로 매출을 분석하는 한편 내가 담당하는 백화점의 타 브랜드의 매출 및 인기 제품에 대한 분석도 함께 했다. 그리고 이를 리포트로 작성해 영업기획 및 상품기획팀에 알려 현재의 트렌드를 공유하고 향후 제품 설계에서 반영을 요청하기도 했다. 패기를 가지고 열심히 일했지만 반복되는 삶 속에서 회의감을 느끼며 새로운 미래를 꿈꾸게 되었다. 오랜 고민 끝에 마침내 첫 번째 회사를 퇴사하기로 결심했다. 그때는 기나긴 어둠의 터널을 지나게 될 줄 몰랐다.

한 번 해낸 취업, 두 번은 쉬울 줄 알았다

퇴사하고 휴식기를 가졌다. 3개월 동안 호주의 동부와 서부를 오가며 비행기를 원 없이 타고 돌아다녔다. 그렇게 퇴직금이 다 떨어질 무렵 다시 한국으로 돌아왔고 취업을 준비했다. 2년 반의 경력이 있었기에 그 경력을 믿고 경력직으로 지원했다. 면접은커녕 서류전형에서 떨어졌다. 경력직으로 지원할 수 있는 분야가 제한적인 탓일까 생각하며 신입사원 지원으로 방향을 바꿨다. 신입사원으로 지원하려다 보니 기존 경력이었던 패션 분야를 포함해 다양한 곳으로 지원했다. 또다시 서류전형 전패를 경험하며 긴 어둠의 터널 속에 놓인 느낌을 받았다.

기존의 이력서와 자기소개서 그리고 경력 기술서까지 모든 것을 새롭게 구성하기로 했다. 대학 시절과 F사에서의 직무경험까지 스토리로 풀 수 있는 모든 것을 나열하고 그 안에서 느낀 점과 나의 역할, 장점 그리고 아쉬웠던 것들과 배웠던 것들을 모두 나열했다. 이른바 자기소개서의 스토리 구성이라 불리는 STAR(Situation, Task, Action, Result) 구성을 만들어서 지원하는 회사에 맞게 조금씩 변형했다. 그해 하반기에 나는 적지 않은 면접 기회를 잡았다. 그리고 첫 직장 생활을 그만두고 정확히 1년이라는 공백기를 거친 후 마침내 새로운 회사를 만나게 되었다.

국내 굴지의 금융 대기업 S사 기획팀. 공백 기간의 고통이 컸고 무엇보다 금전적인 부분에서 매력적이었기에 단번에 입사를 결정했다. 하지만 힘들게 입사한 회사임에도 불구하고 행복하지 않았다. 윗사람이 퇴근하지 않아 눈치를 보며 강제로 사무실에 남아 있어야 했고 상사의 기분에 따라 팀의 분위기 전체가 휘둘리는 환경도 답답했다. 무엇보다 내가 하는 일에서 아무런 보람을 느끼지 못했다. 입사 7개월 만에 퇴사를 결심했다.

그러나 무작정 그만둘 수 없었다. 기존에 정리해놓았던 이력서와 자기소개서를 다시 한 번 가다듬는 가운데 이력서와 커버레터를 새롭게 준비했다. 외국계 기업의 문턱이 의외로 높지 않다는 얘기를 들었기에 도전해보기로 했다.

피플앤잡에서 새로운 기업과 지원 가능한 포지션을 찾는 한편, 언제 있을지 모를 영어면접 역시 함께 준비했다. 여름의 어느 날 N사의 공고를 보게 되었다. 지원 분야는 비즈니스 계획Business planning이었는데, 히스토리 데이터에 대한 분석을 통해서 새로운 인사이트를 도출해내는 것이 주요 업무였다. 경력직이었기에 실질적인 업무에 대한 경력이 필요했지만, 첫 번째 회사와 두 번째 회사에서의 주요 업무들은 해당 직무와 연결시키기에 부족했다.

내가 지나온 회사에서의 경험과 경력들을 나열하다가 지원하려는 직무와 연결시킬 수 있는 고리를 찾아냈다. F사에서 쌓은 판매 경력과 백화점 관리였다. 이 주요 업무를 수행하기 위해 보조적으로 만들었던 수많은 데이터가 있었다. 이력서를 구성하는 과정에서 해당 업무들을 최대한 디테일하게 드러냈다. 비록 영업에서 중점적으로 담당했던 분야는 아니었지만 보조적으로 진행했던 업무들을 좀 더 강화하는 형태로 이력서를 구성한 것이다. 다른 어떤 경력보다도 해당 업무에 대한 내용들을 도드라지게 표현했고 새롭게 지원하는 직무와의 접점을 만들어서 과거에 했던 일과 새롭게 맞이할 업무에 대한 시너지를 만들어낼 방법에 대해 면접 과정에서 어필했다. 마침내 최후의 1인이 되었다.

　나는 지금 N사에서 전략 비즈니스 플래너로 일하고 있다. 이곳에서 나는 담당한 어카운트의 매 시즌 전략과 방향에 대한 설계를 담당한다. 이를 위해 3개월에 한 번씩 미국 본사로 출장을 가서 회사가 가고자 하는 방향에 대한 가이드를 듣고 전달한다. 지금에 이르기까지 몇 번의 방황과 시련의 시기가 있었지만 매 순간 어제보다 나은 나 자신의 모습을 꿈꾸면서 새로운 일에 나를 던졌고 그 안에서 나는 조금씩 성장했다.

　3개월에 한 번 혹은 두 번씩 대중들 앞에서 새로운 시즌에 대한 전략들을 발표한다. 그럴 때면 학창 시절에 나 스스로를 변화시키기 위해 친구들 앞에 섰던 그 시간들이 지금도 유효한 것처럼 느껴진다. 그리고 공모전을 준비할 때나 영업 분야에서 했던 많은 미팅들은 효과적인 결과를 이끌어내는 데 도움을 준다. 방황하는 가운데 항상 새로운 도전을 했고 하나라도 배웠기에 더 복합적인 시선을 갖출 수 있지 않았나 하는 생각이 든다.

　멘토링을 하다가 만난 이들에게 나는 항상 이야기한다. 그만그만한 일상을 유지하기보다 어제와 다른 나를 만들기 위한 작은 노력들이 내일의 나를 성장시킨다고. 이 말은 내 학창 시절과 내 직장 생활에서 항상 나를 업그레이드하는 원동력이 되었다. 그리고 자존감이 바닥을 치는 시련의 시기가 닥쳐왔을 때 어느 누구도 나를 믿지 않더라도 나 스스로만큼은 나를 믿을 필요가 있다. 그 기회가 더디 오더라도 자책하지 말라고 꼭 당부하고 싶다. 어제와 다른 나를 만들고 있다면 나에게 왔던 기회가 여러분에게도 찾아 갈 수 있다. 지금 당신에게는 믿음이 필요하다.

"모범생 말고 '모험생'이 되어라."

조세협, 아시아 최대 글로벌 뷰티기업 A사

지금까지 약 5년 동안 직무 및 취업 관련 멘토링을 하며 수천 명의 학생들을 만나왔다. 참 안타까운 생각이 들었던 점이 바로 요즘 청년들이 '취업을 위한 삶'을 살고 있다는 것이다. 매년 대졸자의 수는 증가하고 있는 데 반해 고학력 일자리의 증가가 이를 따라가지 못하는 노동 시장의 수급 불균형이 나타나고 있기 때문이다.

2019년 한국은행에 따르면 2000~2018년 사이 대졸자는 연평균 4.3%가 늘어난 반면, 이들이 보편적으로 원하는 사무직, 전문직과 같은 일자리는 2.8% 증가하는 데 그쳤다. 특히 2000년 1월 기준으로 대졸자(663만 명)와 적정 일자리 수(631만 개)는 큰 차이가 없었지만, 2019년도에는 대졸자가 1,512만 명으로 계속 늘어나는 반면 적정 일자리 수는 1,080만 개에 불과해 일자리의 불균형이

나날이 심해지고 있음을 알 수가 있다.

아울러 세계 경제의 불확실성에 따른 경기 침체 및 기업 성장률 둔화, 고용 연장에 따른 모집 규모의 축소 등으로 인해 안타깝지만 앞으로의 취업 환경도 그리 밝지만은 않을 것 같다는 생각에 가슴이 아프다. 하지만 현실이 이렇다고 해서 자포자기하기에는 이르다. 취업 환경이 어려운 것은 사실이지만 이럴 때일수록 전략적으로 잘 준비해 취업에 성공한다면 더욱 더 보람찬 사회생활을 시작할 수 있다.

지난 13년 동안 내가 사회에서 겪었던 다양한 경험을 바탕으로 체득한 취업 노하우를 여러분들에게 전달하고자 한다. 가장 중요한 것은 누군가의 노하우를 듣고 이해하는 것이 아니라 그 다양한 노하우들 중에서 여러분에게 적합한 것을 찾아내 어떻게 강점으로 만들어나갈 것인지를 찾는 것이다.

"훌륭한 사람이 되려면 공부를 잘하는 모범생이 되어야지." 어른들에게 누구나 한 번쯤 들어봤을 것이다. 물론 우리들이 잘 되길 바라는 어른들의 진심 어린 조언이다. 과연 취업할 때도 이 말이 적용될까? 모범생들은 취업도 잘하는 것일까? 회사는 어떤 인재를 뽑고 싶어 할까? 학창 시절에 공부를 열심히 한 학생일까?

회사는 무엇보다 실용적인 인재를 뽑고 싶어 한다. 여기에서 말하는 실용적인 인재란 역할을 주었을 때 이를 잘 해내는 사람이다. 기업들의 가장 큰 관심사는 바로 고객이다. 고객을 알아야 혁신을 만들어갈 것이고, 혁신이야말로 기업의 매출 성장 혹은 이익에 도움이 된다. 고객을 잘 알기 위해서는 어떻게 해야 할까? 가장 좋은 방법은 바로 다양한 경험이다.

"당신의 강점 혹은 장점은 무엇인가요?" 면접에 갔을 때 가장 많이 듣는 질문이다. 요즘 같이 취업이 힘들 때 가장 중요한 것은 누구나 가질 수 있는 역량이나 강점을 어필하는 것이 아니라 지원한 직무를 잘 수행해나갈 수 있는 본인만의 차별화된 역량과 강점을 어필하는 것이다. 이는 남들과 똑같지 않은 나만의 경험을 통해 만들어갈 수 있다. 자, 그렇다면 우리는 취업을 잘하기 위해 한 번쯤은 모범생이 아닌 모험생이 되어보는 것은 어떨까?

기업과 관련된 콘텐츠에 익숙해져라

취업하고 싶다면 기업과 관련된 다양한 콘텐츠를 보는 것을 추천한다. 각종 경제신문부터 삼성, LG경제연구소의 여러 칼럼들, IT 관련 다양한 이슈를 접할 수 있는 아웃스탠딩, 사회인들의 콘텐츠 플랫폼인 퍼블리Publy 등을 활용해보길 추천한다. 무엇보다 요즘은 디지털의 발달로 언제 어디서든 여러분이 원하는 내용을 유튜브 같은 온라인 채널을 통해 볼 수 있다.

여러분이 가고 싶은 기업이 있다고 가정해보자. 이럴 경우 해당 기업에 대한 정보를 어떻게 어디서 얻고 있는가? 취업에서 가장 좋은 교과서는 바로 현직자다. 물론 홈페이지나 인터넷을 찾아보면 해당 기업에 대한 정보를 일부 얻을 수는 있다. 하지만 남들이 쉽게 알지 못하는 정보를 얻는 것이 중요하다. 특정 기업에 꼭 취업하고 싶다면 해당 기업의 현직자를 만나서 조언을 구하길 추천한다.

만약 해당 기업의 현직자를 만나기 어렵다면 적어도 비슷한 직무를 하고 있는 사람을 만나길 바란다. 만약 여러분이 현직자를 만나게 된다면 '그 기업의 주요 관심사가 무엇인지', '어느 직무 혹은 부서에 사람이 많이 필요한지' 등의 꿀팁을 얻을 수 있을 것이다. 'CP Team', '잇다', '캐치'처럼 현직자와 학생들을 이어주는 플랫폼 역할을 하는 사이트가 많으니 잘 활용했으면 하는 바람이다.

학생들을 만나 취업에 관한 이야기를 하다 보면 가장 어려움을 느끼는 것 중 하나가 바로 면접인 것 같다. "면접을 잘 볼 수 있는 방법은 무엇인가요?"라는 질문에 다양한 면접을 경험하라고 답한다.

면접을 잘 보기 위해 학생들은 스터디 그룹을 만들어 모의 면접을 많이 진행한다고 들었다. 역할을 나눠 한 번씩 돌아가며 면접관과 면접자의 역할을 롤플레잉 형태로 연습한다고. 물론 이렇게 할 경우 면접관의 입장도 생각해볼 수 있다는 것 외에 다양한 장점이 있겠지만 추천하지 않는다. 또래들끼리 역할극을 하기보다는 실제 현직자 지인을 초대해 면접을 보길 추천한다. 역할극과는 분명 큰 차이가 있다.

아울러 면접을 한 번도 보지 못한 사람과 여러 번 본 사람도 큰 차이가 있다. 만약 여러분이 가고 싶지 않은 기업에서 면접의 기회가 주어졌더라도 나는 면접에 임해보라고 추천한다. 이러한 경험은 나중에 큰 자산이 된다.

나의 취업 성공담

2008년 리먼브라더스사태로 인하여 경제 상황은 좋지 않았고, 취업마저 쉽지 않을 것이라는 얘기들이 많았다. 인문계에서 취업하려면 학과 생활도 중요하지만 무엇보다 다양한 경험이 필수라는 얘기를 많이 들어왔기에 저학년 때부터 참 다양한 대외활동을 했다. 특히 교내에서 광고동아리로 활동했기에 정보가 밝은 편이었다. 네이버, 엠파스, 하이트 등 기업의 객원 마케터나 서포터즈로 활동했으며, 봉사활동 서포터즈도 열심히 했다. 대학 시절 다양한 활동 경험이 있었기에 운이 좋게 많은 기업의 서류전형에 통과하고, 면접을 볼 수 있는 기회를 얻었다. 당시 어려운 취업 상황이라

약 50곳 이상의 다양한 산업군에 취업 지원서를 넣었던 것도 도움이 된 것 같다.

　나의 첫 회사는 L사였다. 약 300명의 동기들과 함께 연수원에서 합숙하며 열정을 불태웠다. 게다가 늘 앞에 나서고 싶어 하는 성격에 스스로 손을 들어 학생장이 될 만큼 적극적이었다. 연수가 끝나고 부서를 배정받을 쯤 우연히 지원했던 지금의 회사에서 면접 기회가 와서 고민을 많이 했다. 하지만 학창 시절부터 화장품 및 뷰티 쪽에 남자치고는 관심이 많았고, 무엇보다 기업문화가 좋다는 소문이 있어서 과감히 도전했다.

　당시 A사는 실무진, 토론, 임원 면접 등 약 세 차례의 면접을 진행했다. 가장 기억에 남는 면접이 바로 임원 면접이었는데, L사의 합숙 연수에서 학생장으로서 구호를 워낙 열심히 외쳐 목이 쉬어 목소리가 거의 나오지 않았다. 면접관들은 역시나 잔뜩 쉬어 이상하게 들리는 목소리에 대해 물었고 나는 이렇게 답했다.

　"면접관님께 귀사에 어울리는 아름다운 목소리를 들려드리고 싶지만 피치 못할 사정으로 목 상태가 좋지 않게 되었습니다. 몸 관리를 잘 하지 못한 잘못이 가장 크지만, 이 목소리가 저의 불타는 열정을 대변할 수 있었으면 좋겠습니다. 아울러 이 자리에 올 수 있었던 것이 너무 감격스러워 목이 더 메는 것 같습니다."

　면접관들은 하나같이 웃었으며 그 한마디로 최종합격할 수 있었다고 생각한다. 면접에서 가장 중요한 포인트가 무엇일까? 외운 것 같이 정답을 또박또박 잘 말하는 것이 아니라 진심 어린 소통을 하는 것, 즉 '면접관과의 교감'이라고 생각한다. 면접을 보기 전에 한 번쯤 생각해보길 바란다. 면접이란 과연 무엇이고, 내가 어필을 해야 하는 대상은 누구인지 말이다.

2년 만에 파트타임 알바에서 최연소 대리까지

권진환, 북미 글로벌 생명과학기업 T사

현재 글로벌 생명과학기업 T사에서 영업관리 및 전략 매니저Sales Operation&Strategy Manager로 근무하고 있다. 델에서 세그먼트 마케팅 Segment Marketing을 시작으로, 영업기획, 영업관리, 재무기획의 4개 부서를 거쳤다. 그 후 미국계 회사 오라클에서 시니어 영업관리 분석가Senior Sales Operation Analyst로 근무하며 MBA를 시작했고 유럽계 전기, 전자, IT, 에너지 회사인 슈나이더 일렉트릭Schneider Electric 에서 커머셜 혁신 매니저Commercial Excellence Manager, 전략 마케팅 매니저Strategic Marketing Manager, 재단대표Foundation Delegate로 있으며 MBA를 졸업했다.

2025년부터 한국의 인구 구성이 초고령화 사회에 들어갈 것 으로 예상되는 환경에서 헬스케어가 유망하다 판단하고, 미국계

172   PART 2—

의료기기 회사인 보스톤 사이언티픽Boston Scientific에서 마케팅 매니저Product Marketing Manager로 근무했다. 글로벌 마케팅을 총괄할 수 있다는 매력에 이끌려 8개월간 스타트업에 몸담았지만, 헬스케어로 복귀하여 글로벌 생명과학기업 T사에서 근무한 지 1년 7개월 정도 되어간다.

직장 생활은 23세에 '부동산분양대행사'에서 시작했다. 군대를 다녀와서 복학하기 전까지 일했던 곳으로 상품에 대한 확신이 없었기 때문인지, 영업 성과는 없었다. 그러다 운이 좋게 기획실에서 일하게 되면서 기획 업무의 기초를 배울 수 있었다. 그러던 중 갑자기 실장님이 일을 못하게 되어 내가 중요한 업무를 담당하게 되었다. 본부장님의 도움을 받아 기획서와 제안서를 하나씩 완성해나갔다. 5시까지 일하다 야간 수업을 들으러 학교에 가니 회사에서는 학교를 그만두고 업무에 전념하기를 원했다. 내가 원하던 삶은 아니라는 판단에 회사를 그만두고 나왔다.

이력서에 기입하는 직장 생활의 시작은 2003년 말, 부동산회사에서 알게 된 분의 소개로 파트타임을 하러 간 미국계 컴퓨터회사 델이었다. 일당 5만 원에 식비 5,000원을 받으며 일주일 예정으로 마케팅 분석 업무를 시작했는데, 갑자기 나를 뽑았던 매니저가 그만두고 새로운 분이 왔다. 새로 오신 차장님은 내가 일주일을 더 연장해서 일하기 원했다. 2주가 지난 후 마케팅 에이전시와 계약해 계약직 직원으로 근무하며, 출퇴근 시간을 조정해주는 배려를 받아 야간 수업을 들으면서 낮에 일할 수 있었다.

1년 정도 지난 어느 날, 인사부에서 이 계약을 모르고 있었다며 회사를 그만두어야 한다고 했다. 영업기획 부서의 부장님께서 나를 데려간다고 했고 사장님께 특별 승인을 받아 졸업 전인데도 불구하고 정식 계약직으로 채용되었다. 같은 부서의 과장님은 내가 저녁을 못 먹고 학교에 가 수업을 듣는다는 것을 알게 되자 부장님께 30분 이른 퇴근에 대한 승인을 요청하시며, 못 채운 시간을 충분히 커버할 만큼 자신이 책임지고 잘 가르치겠다는 배려를 해주셨다. 이후 졸업과 동시에 정규직으로 제안받았는데, '한국에서 사원으로 채용'되거나 '중국에서 대리로 채용'되는 2가지 조건 중에서 중국 근무를 선택했다. 업무 능력을 인정받아 8개월 만에 한국으로 복귀하며, 졸업한 해에 대리 직급을 다는 최연소 대리의 기록을 얻게 된다.

5번의 이직과 MBA 등 간략한 커리어 스토리를 들으면 '정말 일이 잘 풀렸다.'고 생각할 수도 있다. 하지만 일주일간 하기로 한 아르바이트를 고용주가 시키는 것만 하는 수준이었다면, 차장님께서 일주일을 더 연장하자고 하셨을까? 회사에서는 채용이 불가능한 졸업 전의 학생을 왜 굳이 위험을 무릅쓰면서까지 마케팅 에이전시에 도움을 받아 채용했을까? 사장님께 특별 승인까지 받아가며 계약직으로 정식 고용해주신 부장님께 졸업도 하지 않은 나를 왜 뽑으셨는지 물었다.

"진환 씨, 대한민국 인서울 대학 졸업 신입생들이 능력 차이가 난다면 얼마나 날까요? 진짜 많이 차이가 난다고 해도 20%가 최대일 거예요. 그런데 이미 그 일을 잘하고 있고, 사람들과도 잘 지내고 있는 진환 씨를 대신해서 한 번도 그 일을 해본 적이 없는, 사람들과 케미가 어떨지도 모를 사람을 뽑는 리스크를 가져가기보다는, 진환 씨를 뽑는 것이 현명한 선택 아닌가요?"

중국에서 한국으로 다시 돌아올 때, 대리 직급에 대해 내부에서 이슈가 많았다. 직급을 사원으로 내리는 것은 불합리한데, 그렇다고 대리로 복귀한다면 형평성 문제가 발생하기 때문이다. 결국 대리 직급을 달고 귀국했지만, 쉬운 결과는 아니었다. 매니저 외여러 분의 도움이 있었기에 가능했다. 그리고 그러한 도움은 내가 평소 쌓아왔던 관계나 업무 성과들에 의해 가능했다. 이로써 나는 운이란 만들어가는 것이라 확신했다. 그렇다면 어떻게 운을 만들어가야 할까?

델에서 아르바이트를 시작할 때 나의 스펙은 인서울 대학생에 학점이 3점이 안 됐고, 영어시험 점수가 없었으며 자격증은 워드1급뿐이었다. 요즘 시대 기준으로 "스펙이 없다."고 볼 수 있다. 물론 회사를 다니기 시작하면서 매일 영어학원을 다니고, 전화영어로 영어 공부를 했으며, 인터넷을 통해서 엑셀 공부를 열심히 했다. 그리고 델에서 '엑셀의 신'으로 불리며, 점심시간에 사람들에게 엑셀을 가르쳐주었다. 그보다 앞서 가장 중요한 것은 직원들과의 관계였다. 다음 몇 가지를 지키면 직장 내 인간관계에서 무난하다는 평가를 받을 수 있을 것이다.

1. 조금 빠른 출근과 조금 늦은 퇴근. 10~15분 정도면 충분하다.
2. 눈이 마주치는 모든 분에게 웃으며 인사한다(상대가 인사를 받든 안 받든 신경 쓰지 말고).
3. 다양한 직장동료들과 함께 식사한다.
4. 다른 동료를 뒷담화하지 않는다.

제일 중요한 것은 동료를 뒷담화하지 않는 것이다. 그런 자리에 있게 되면 갑자기 전화가 온 척하며 피한다든지 방법은 많다. 아니면 최소한 맞장구치지 말고 듣기만 한다. 회사에선 업무에 대한 열정을 보여주어야 한다. 열정을 가지고 있다는 것을 보여주기 위한 가장 좋은 방법이 무엇일까?

첫째는 '똑똑한 질문Smart Question'이다. 생각해보지도 않고 머릿속에 떠오르는 질문을 바로 하지 않는다. 반드시 고민하고 질문한다. 다만, 아무리 고민해도 선임들에게는 잘못된 질문일 수 있다. 살아온 세월, 경력의 크기와 깊이가 다르기 때문에 사고의 틀 자체가 다르다. 그렇기에 똑똑한 질문으로 선임들의 경험과 경력을 배워라.

둘째는 '꾸준한 추가 공부'다. 업무나 회사 제품에 대해 추가 공부를 하고, 그에 대해 질문하는 등의 방식으로 열정을 나타낸다. 자기 업무 외에 회사의 큰 그림에 관심을 가진다. 공지되는 내용을 따로 메일 폴더에 넣고 시간 내어 정독하자. 회사의 공시 내용을 챙겨보는 것도 방법이다. 자료를 보면 분기별, 연별 공시 자료가 있으며, 그 안에는 엄청난 정보가 있다. 재무 정보를 비롯해 주력 제품, 경쟁사, 미래 전략 등 모든 정보가 있다.

셋째는 '영어 실력'이다. 영어를 잘하기 위해 어떻게 하면 될까? 영어 실력은 계단을 올라가는 것과 같이 향상된다. 실력이 서서히 증가하지 않는다. 어느 날 갑자기 실력이 한 계단 상승하니 인내심이 필요하다. 또한 영어는 지속적인 노출이 중요하다. 조금이라도 매일 공부하는 것이 굉장히 중요하다. 매일 20분의 전화영어를 추천한다. 전화영어는 20분씩 20일 기준으로 최소 15만 원 정도다. 좋은 표현을 외우고 사용해서 내 것으로 만들어야 한다. 누군가 보낸 메일, 특히 글로벌 리더들이 발송하는 메일에 좋은 표현이 많다. 필요하다 생각이 드는 표현을 따로 메모하고 사용해보자. 계속 사용하다 보면 체득되어 내 것으로 만들 수 있다.

회사와 직무를 골라서 입사하는 2가지 방법

멘토링을 시작한 지 4년이 넘었는데, 그동안 수천 명의 친구들에게 질문을 받았고 그중 가장 많이 받은 질문이 2가지다. 이 질문에 대해 현명한 답을 내릴 줄 안다면 그 어떤 회사도 입사 못할 곳이 없다.

첫 번째 가장 많이 하는 질문은 "진로(또는 커리어 목표)를 찾고 싶은데 어떻게 해야 할까요?"이다. 누구나 좋아하는 일을 하고 싶어 한다. 하지만 많은 이들이 좋아하는 일이 무엇인지 알지 못한다. 또 많은 이들이 좋아하는 일이 좋은 직업이 아니라며 고민한다. 먼저 좋아하는 일이 무엇인지 알지 못하는 이들에게 2가지 방법을 추천한다. 첫째, MBTI, eDISC, mgram 같은 성격검사 뿐 아니라 직업적성 검사 등 매우 다양한 검사를 활용해보자.

유료로 전문가에게 상담받는 것도 추천한다. 무료검사는 결과를 해석하기가 어렵다. 단순히 성격이 어떻고, 그래서 추천 직업으로 여러 가지를 제시하는 정도에 불과하다. 하지만 전문가는 검사 결과에 대해 전문 지식을 가지고 있기 때문에 여러분의 성격을 파악하고 적절하게 추천해줄 것이다. 커리어 컨설팅까지 받으면 더욱 좋다. 검사뿐 아니라, 더 나아가 전반적 커리어 관리와 함께 이력서, 면접 스킬 그리고 부족한 직무 교육까지 책임져준다.

좋아하는 일이 무엇인지 알고 싶다면 둘째로 자신의 내면을 파악하기를 권한다. 무엇을 할 때 즐거운지, 어떤 것을 얘기할 때 즐거운지에 대해 말이다. 잘 모르겠으면 주변 친구들에게 물어본다. 그래도 안 된다면 멘토와 면담한다. 살아온 삶을 정리해서 보내고, 그 후에 직접 만나서 1, 2시간 얘기해보면 멘토님들이 여러분의 적성이 이런 것이 아닐지 얘기해줄 수 있다.

좋아하는 일이 좋은 직업이 아니라 고민하는 분들에게 꼭 하고 싶은 말이 있다. 세상은 급변하고 있으며, 미래는 불확실하다. 10년 이내에 없어질 직업에서 회계사가 상위를 차지하고 있다. 의사와 변호사도 마찬가지라 생각한다. 10년 이내에 이들 직업이 완전히 사라지는 것은 아니지만, 인공지능과 로봇의 기술 혁명으로 인해 많은 부분이 기계로 대체될 것이다. 현재 의사, 변호사, 회계사는 대형 병원, 로펌, 회계법인에 들어가지 않는 한 자영업으로 성공하는 것 외에는 과거 같은 메리트가 없다. 그러기에 영업력이 필수이지만 아직까지는 좋은 직업으로 지목되고 있다. 하지만 분명히 변할 것이다.

좋은 직장의 기준이 무엇인지, 그 기준이 본인의 것이 맞는지 생각해보기 바란다. 우리가 보통 좋은 직장이라고 말하는 곳들은 대부분 주변의 인식에 의한 것이다. 공무원, 공기업 같은 안정된 직장 그리고 이름만 들어도 아는 대기업, 저녁이 있는 삶을 살수 있다고 하는 외국계 기업 중 본인에게 맞는 것은 무엇인가? 열심히 해서 공무원이 되었는데, 매일 출근길이 너무 싫은 사람이 있다. 그저 퇴근 시간만 기다리며 하루하루 살아가는 사람이 있는 반면, 어떤 사람은 주어진 일만 하면 되는 삶이 마음이 편하고 좋다는 사람도 있다. 공무원이 모두에게 좋은 것은 아니라는 것이다.

각자에게 맞는 일이 있다. 대기업에 다니면 남들이 좋은 데 다닌다고 부러워하고 부모님이 자랑스러워 해서 좋은 사람도 있겠지만 그럼에도 불구하고 40대가 되면 퇴직 걱정을 해야 하는 것이 싫고, 불합리한 것들이 많아 못 견디는 사람도 있다. 외국계 기업에 다니며 퇴근 후에 친구들, 식구들과 즐겁게 보내면서 회사 생활을 즐기는 이도 있으나, 개인적인 문화가 아쉽다며 동료들과 좀 더 끈끈한 관계를 다지고 싶어 하는 이도 있다. 여러분의 기준에서 좋은 직장을 찾자. 물론, 자기 자신을 잘 알아야 하겠지만 학교, 인턴, 간접경험 등으로 알아갈 여지가 충분하다.

무슨 일이든 진정 좋아하는 일을 해야 한다. 좋아하는 일을 택한 사람과 좋은 직업을 택한 동창들을 오랜 시간 지켜본 결과 증명되었다. 좋아하는 일을 택한 사람이 더 크게 성공한 사례가 많다. 당장은 좋아하는 일을 택한 사람이 힘들고, 가시밭길을 걸어야 할 수도 있지만, 좋아하는 일을 할 때 생기는 열정과 보람은 여러분을 전문가로 만들어줄 것이고, 결코 포기하지 않고 끊임없이 노력하게 해줄 것이다. 가시밭길을 걸어가더라도 즐겁다면 출발이 조금 늦을지라도 인생이라는 마라톤에서 중반 이후 역전할 것이다. 그리고 무엇보다 그 마라톤을 웃으며 마칠 수 있을 것이다.

　멘티들이 두 번째로 많이 하는 질문이다. "마케팅을 하고 싶은데 전공이 맞지 않아요. 어떡하죠?" 기획을 하고 싶은데 외부활동이 없거나, 해외영업을 하고 싶은데 실무 경험이 없어 고민이라는 멘티들을 향한 내 답은 하나다. 전공이 다르든, 실무 경험이 없든 걱정 말고 진짜 실력을 만들어라. 마케팅을 예로 들어보자.

　삶의 모든 것에 마케팅이 적용된다. 마케팅은 사람들이 가지고 있는 인식을 내가 원하는 방향으로 바꾸는 것이다. 인사 담당자들은 해당 직무 전공자이거나 외부 활동, 실무 경험이 있는 사람이 회사에 빨리 적응하고 일을 잘할거라 믿기에 그런 사람을 선호한다. 동종업계 경력직을 선호하는 것도 그 업계에 대해 잘 알고 인맥도 있으니 빠르게 적응하고 빠르게 한몫할 거라는 인식이 있기 때문이다. 그렇다면 인식을 바꾸면 된다. 어떻게?

1. 마케팅은 업종에 따라 많이 다르므로 우선 원하는 업종을 정한다. 물론 진로를 찾은 다음에 가능한 스텝이다.
2. 업종의 시장조사를 한다. 시장 크기가 얼마이고 회사별 점유율, 앞으로의 시장을 예측한다. 국내외로 나눠서 분석하면 더욱 좋다.
3. 지원한 회사의 현재 상황과 전략, 마케팅, 영업 방식 등에

대해서 설명하고, 어떻게 마케팅 혹은 영업을 하겠다는 전략, 액티비티 등을 창의적으로 서술한다.

4. PT를 이력서와 같이 제출하고, 면접 시 PT를 하겠다고 얘기한다. 면접관의 인원수에 맞춰 자료를 프린트해 가면 좋다.

5. 전공, 외부 경험, 실무 경험이 부족하지만 이 업종, 회사에서 일하고 싶어서 이렇게 준비했다는 점을 어필한다.

실제 이 방법으로 헬스케어 경력이 전무했지만 의료기기 마케팅 담당으로 입사할 수 있었다. IT와 전기전자 경력만 13년, 첫 직장에서 6년 반 정도를 보내고 이직을 생각하며 헬스케어에 문을 두드렸고, 이후로도 이직할 때마다 문을 두드렸으나, 생각하는 연봉이 제시되지 않거나 경력이 없다는 이유로 최종면접에서 떨어졌다. 앞서 언급한 방법을 사용했더니 결과가 달랐다.

PT를 준비하라고 하지 않아도 준비해 갔다. 프린트물을 드리면서 PT를 준비했다는데, 필요 없다는 분들은 없을 거라 생각한다. 신입사원을 뽑으면서 해당 업종에 대한 실력과 지식을 갖추었기를 원하지만 측정이 불가능하지 않은가! 서류, 면접전형에서 걸러내기 좋기 때문에 '스펙'을 따지는 것이다. 스펙이 좋다는 것은 적어도 성실성을 어느 정도 보장하기도 하고, 경험이나 지식이 있다면 회사에 적응하기 쉽다는 인식이 있기 때문이다.

스펙이 없어 불리하다면 진짜 실력을 쌓으면 된다. 보여주기 위한 스펙을 쌓는 시간은 아깝다. 내가 지원하는 업종과 업무에서 필요한 진짜 실력을 쌓도록 하자. 해당 업종과 업무에 대해 깊이 있게 고민하고 준비하면 얼마든지 합격할 수 있을 것이다. 그 후에는 가장 마음에 드는 곳을 골라서 가면 된다.

마지막으로 인맥도 실력이라는 점을 당부하고 싶다. 원하는 회사의 공고를 보면 모든 인맥을 동원해서 내부 추천을 부탁하자. 내부 추천이 가장 높은 합격률을 보인다. 그리고 부족한 스펙을 대신해 자신의 가치를 설명해줄 PT를 제출하자. 내부 추천인 경우 추천자가 그에 대해서도 어필해줄 것이다. 여러분이 어떤 사람인지, 어떤 일을 즐겁게 할 수 있는지 파악했다면 그 일을 하고 싶다는 내면의 열정을 마음껏 발휘하여 진짜 실력을 쌓고 도전하자.

세계 1위 기업에 입사하기 위한
취업 전략

최윤성, 세계 최대 글로벌 HR솔루션기업 아데코

나는 이렇다 할 자격증도, 기술도 없는 문과 출신이다. 내가 하고 싶은 일과 할 수 있는 일이 무엇인지 알고 싶은 욕심도 적었다. 친구의 권유로 호텔리어 양성학교 연수생 선발에 따라갔다. 1년 동안 연수원에서 두 번째 군대(?) 생활을 하며 졸업을 앞두고 호텔에 실습을 나갔다. 하지만 호텔리어로서 일을 시작하고 오래 걸리지 않아 '나와는 맞지 않는 일이다.'라는 것을 깨달았다.

1년이라는 소중한 시간과 부모님의 투자, 연수원 생활의 추억을 뒤로하고 호텔에서의 짧은 경력을 마감했다. 내게 남은 건 필기시험을 합격하고도 실습을 가지 못했던 조주기능사 실기시험 접수증과 관광숙박업종사자 자격증이었다. 첫 회사가 H그룹 계열사로 인수 합병되어 여러 가지 혜택을 누리며 2년 6개월간 직장 생활을 했다. 하지만 퇴사 전 1년은 다람쥐 쳇바퀴 돌 듯 반복적인 업무를 담당했고, 곧 매너리즘에 빠졌다.

새로운 업무에 도전하고 싶었지만 기회를 얻기 힘들었다. 그 이후 여러 차례 임원과의 면담을 통해 부서 이동을 시도했지만 부족한 능력 탓인지 번번이 거절당해 퇴사를 결심했다. 철 모르던 시절 퇴직금으로 가맹점 사업을 열었다가 본사가 마케팅 비용을 과도하게 지출해 6개월 만에 폐업하는 쓰라린 경험을 했다. 가맹점이 폐업할 분위기에 놓이자 구직 활동을 다시 시작했고, 어느 날 헤드헌터의 전화를 받고 면접 기회를 얻었다. "면접을 보러 오면 포지션을 알려주겠다."는 안내를 받고 내심 불안했다.

면접 장소에 들어가 의자에 앉는 순간 시험대에 오른 기분이었다. 자세가 조금만 느슨해지면 바로 뒤로 넘어가는 카페에 있을 법한 소파였다. 나를 포함한 후보자 4명과 면접관 3명이 좁은 방에서 면접을 1시간 동안 진행했다. 면접관 중 가장 높아 보이는 한 분이 나에게 "운전하나요?"라고 물었다. 나는 매일 차를 이용해 가맹점 업무를 보고 있었기에 "매일 합니다."라고 답변했다. 그렇게 경영지원 본부에 합격했다. 이 회사는 코스피 상장사이며 S그룹 계열사와 관계 회사로 매출이 3조 원에 육박했다.

하지만 정확히 5일 만에 퇴사를 결심했다. 지난 3년간 매일 아침부터 저녁까지 업무를 보던 내가 5일 중 3일은 아무것도 하지 않고 책상 앞에 앉아 있는 것이 무력하게 느껴졌다. 그리고 파견직으로 입사했다는 점도 한몫했다. 당시에는 파견이라는 고용 형태가 생긴 지 얼마 되지 않았기 때문에 이에 대한 이해도, 정보도 부족했다. 미련 없이 일을 그만두고 하고 싶은 일을 찾기로 결심했다. 지금이었다면 훨씬 많은 정보를 알고 면접장에 갔을 것이며, 정규직으로 전환되는 것에 대한 기대감을 갖고 더 신중하게 퇴사를 고민했을 것이다. 그렇더라도 분명한 것은 오래 버티지는 못했을 것이다.

5일 만에 회사를 그만두고 전 회사의 매출에 0.0048% 규모의 매출액을 올리는 회사에 지원해 합격했다. 회사의 규모는 작았지만 내가 원하는 업무를 수행할 수 있다는 점에서 만족했다. 가맹점이 완전히 문을 닫기 전 2개월 동안 새벽 6시부터 지역을 관리하고 회사에 출근해 늦은 밤까지 일했다. 작은 회사라 일이 넘쳐났고 첫 번째 회사에서 통계 업무를 하면서 엑셀과 파워포인트를 활용해 보고서를 작성했던 경험을 바탕으로 대표이사의 영업 전략을 편집해 책처럼 만들기도 했다.

대표이사의 생각을 자료화하는 일은 내게 많은 영감을 주었으며 성장의 원동력이 되었다. 입사 당시 40억 원 미만의 매출액을 올리던 그곳은 3년 만에 400억 원 규모로 10배 성장했다. 회사의 성장이 나의 성장이라고 생각했던 나에게 어느 날 부장님이 충격적인 제안을 했다. "언젠가 우리가 세계 1등 회사에서 일해봐야 하지 않겠니?"

나는 세계 1위 회사가 어딘지 찾아봤다. 다행히 세계 1, 2위 그룹은 한국법인을 갖고 있었다. 이 회사에 가겠다는 목표를 세우니 나의 부족함이 눈에 보이기 시작했다. 이 부족함을 어떻게, 언제까지 채울 것인지 계획을 수립했고 2년에 걸쳐 계속해서 도전했다. 2006년 전략기획 실장을 맡으면서 더 본격적으로 도전했고 개인적인 사정으로 어쩔 수 없이 퇴사하게 되었을 때 당시 회사는 600억 원 매출을 기록하고 있었다.

업계로의 복귀를 시사했을 때 두 개의 한국법인에서 동시에 면접 기회가 왔지만 지금 다니고 있는 아데코코리아로 정했다. 아데코는 〈포춘〉 지에서 선정한 500대 기업으로서 전 세계 60개국에서 10만 개 이상의 글로벌 기업을 대상으로 전문 인사(채용, 인사, 노무, 파견, 아웃소싱, 전직 지원 서비스, 컨설팅, 훈련, 시스템 개발) 서비스를 제공하고 있는 스위스 취리히에 본사를 두고 있는 회사다.

아데코그룹은 3만 4,000명의 내부 직원과 74만 명의 외부 직원, 그리고 중국의 페스코아데코 직원을 포함하면 130만 명의 직원을 고용하고 있는 회사다. 2018년 전 세계에서 가장 일하고 싶은 직장 5위에 선정된 바 있으며 2019년 매출은 31조 원이다. 아데코그룹은 국제노동기구ILO와 함께 미래의 직업에 대해 함께 연구하고 있으며, 매년 다보스포럼 현장에서 세계 인적자원 경쟁력 지수(GTCI, Global Talent Competitiveness Index)를 발표한다.

대표이사는 내게 비즈니스 개발Business Development 업무를 제안했고 관련 경력과 경험이 있었기에 흔쾌히 받아들였다. 면접을 본 날 입사 날짜를 잡는 화끈함을 보여주셨다. 회사를 나오면서 면접이 예정되어 있던 다른 기업의 전무님께 전화를 드렸다. 6년이라는 준비 기간을 통해 마침내 입사한 회사에서는 현재 8년차 근무 중이다. 로컬 기업에서 10년의 경력을 쌓아 목표로 한 기업에 입사를 성공한 것이다.

아데코는 도전 정신이 강하고 기본을 잘 준수하는 젊은 인재를 원한다. 아마도 내가 과거에 가맹점 사업에 도전했던 것과 회사 업무에 성실히 임했던 자세를 높이 산 것 같다. 또한 아데코는 전략적 사고, 판단 능력, 재무 성과, 업무 혁신 추진 노력, 협업 능력, 사회에 끼치는 선한 영향(영감) 등을 중요하게 생각한다. 아데코에 입사를 원한다면 여러분이 갖고 있는 능력과 경험이 6가지 역량에 부합하는지를 설명할 수 있어야 한다.

나는 호텔리어, 통계 업무, 가맹점 점주, 총무 등의 업무 경험을 쌓으며 마침내 내게 맞는 직업을 찾아냈다. 여러분이 정말 희망하는 회사가 있다면, 직무에 대한 경험과 능력을 차곡차곡 쌓아나가길 바란다. 그리고 구직 플랫폼에 이력서를 올린다든지, 외국계 기업의 소셜 네트워크에 적극적으로 동참한다면 여러분을 궁금해하는 사람들이 늘어나고 좋은 제안을 하는 사람들이 생길 것이다.

처음에 여러분이 목표로 하는 회사에 단번에 입사할 수도 있다. 하지만 그 회사에서 3년, 5년, 7년, 10년이 되는 시점마다 고민이 늘어날 것이다. 왜냐하면 경력을 쌓을수록 새로이 도전하고 싶고 발전하고 싶은 욕구가 늘기 때문이다. 꿈의 기업에 신입으로 입사해서 5년을 경험하고 퇴사하느냐, 아니면 작은 기업에서 5년의 경력을 쌓고 경력자로 인정받으며 글로벌 기업 취업에 성공하느냐에는 장단점이 있다. 이 질문에 답하려면 외국계 기업의 특성을 잘 이해하고 미래의 취업 트렌드에 맞춰 준비하는 게 좋다.

미래의 외국계 기업 일자리 트렌드

다음은 산업통상자원부에 등록된 외국계 기업을 조사하여 만든 자료다. 우리나라가 시대별로 어떠한 산업에 역점을 두었으며, 외국인 자본이 유입된 사업과 글로벌 기업이 진출한 사업 분야를 한눈에 보여준다. 외국인 투자기업의 정보와 흐름을 파악한다면 외국계 기업의 취업을 준비하는 데 도움이 될 것이다. 1962~2019년 연도별 외국인 투자 기업의 표준산업 분류는 다음과 같다. 예를 들어 2010년대에는 보안업체와 연구개발 분야의 채용이 증가했다는 것을 알 수 있다.

연도	분야	개수(개)
1962~1979	제조업	134
1980~1989	제조업, 제약&보험, 자동차	379
1990~1999	도소매업체(종합상사, 무역회사)	1,461
2000~2009	전자, 정보통신, 도소매, 숙박업, 음식업, 여행업, 금융투자	3,524
2010~2018	정보통신, 여행업, 부동산(임대), 보안, 연구개발	6,966
2019	소프트웨어 개발 및 공급업, 전자, 정보통신, 도소매, 연구개발, 과학기술, 금융투자	1,074

　　외국계 기업의 한국 진출은 연도별로 시대가 요구했던 산업에 따라 계속해서 비즈니스를 추가하고 있다. 그럼 2020년도는 어떨까? 1월 1일부터 5월 8일까지를 기준으로 하여 자료를 살펴본 결과 산업통상자원부에 등록된 외국인 투자 법인기업은 352개다. 도소매업 150개(42%), 정보통신 41개(12%), 연구개발, 전문, 과학기술 36개(10%)가 신규로 법인 설립된 비즈니스다.

　　코로나19 여파에도 불구하고 전년 동기 대비 신규 법인이 4개 증가해 별 차이는 없었다. 다만 월 평균 70~100개의 법인이 설립되었으나 4월에는 57개에 불과했다. 유럽 국가의 설립이 다른 국가에 비해 줄었다. 하지만 352개의 신규 법인 중에는 한국인들에게는 잘 알려지지 않았더라도 해외에서 알아주는 회사가 많으니 도전해보기를 바란다. 이 경험은 여러분이 글로벌 기업에 도전하기 위한 경력을 쌓을 수 있는 디딤돌이 될 것이다.

탁월함을 어떻게 깨울 것인가?

조윤성, (전)IBM

나는 내 안에 있는 탁월함을 믿는다. 나는 대한민국 청년들 안에 이미 충분히 형성되어 있는 자질과 능력을 100% 신뢰한다. 특히 대한민국에서 교육을 받고 대학까지 나온 청년들이라면 더더욱 의심할 여지가 없다. 지금 여러분이 당장 해야 하는 일은 실력을 믿고, '발견'하는 과정에 집중하는 것이다. 우리는 항상 강박 속에 살아왔다. 성적을 높여야 했거나, 경쟁에서 밀리지 말아야 했거나, 심지어는 놀러가서도 게임하며 승부욕을 불태우는 것을 칭찬하곤 했다. 우리는 항상 타인과 사회에서 정해둔 가치를 표준이나 정답이라고 믿으며 사는 것 같다.

　나의 주관과 생각, 반응과 의견이 가장 중요하다. 우리는 학교에서 한 번도 주관적인 생각을 타인과 벽 없이 공유하는 교육을 받아본 적이 없다. 공정이라는 이름 아래 5개의 선택지 중에서 하나를 맞춰야 하는 대학수학능력시험으로 인생의 한방을 결정지었다. 이를 보완하겠다고 출발한 수시 전형은 입시 공정성 면에서 사회적 신뢰를 온전히 얻지 못하며 또 다른 병폐를 만들어내기도 했다.

우리는 내면에 더더욱 집중해야 한다. 상투적인 말로 들릴 수도 있겠지만 우리는 우리가 생각하는 것보다 훨씬 높은 수준의 능력을 가지고 있다. 나는 내가 가지고 있는 스킬, 지식, 신념, 직업철학, 경험 등을 노트에 적고 정량화시킬 수 있는 것(스펙)과 정성적으로 분석해야 할 것(경험)을 나누었다. 가장 쉽게 적어볼 수 있는 것이 '내가 살아온 길', 즉 경험이다. 오른쪽 표는 내가 취업 준비를 하면서 간략하게 정리해본 발자취다.

나처럼 연도별로 살아온 길을 나열해도 좋고, 에피소드별로 정리해도 좋다. 스펙과 경험을 나열해 '자기 분석'을 끝냈다면 에피소드를 구체화할 차례다. 내가 애초부터 하고 싶던 영업 직무에 가장 가깝다고 생각하는 활동을 체크해(굵은 글씨) 자기소개서에 풀어냈다. 취업 시장에서 '나라는 재화'를 '직무 역량이라는 솔루션을 보유한 인적 자원'이라고 정의해보면, 이를 가장 잘 설명할 수 있고 잘 알고 있는 사람은 결국 나 자신밖에 없다. 회사가 나에 대해서 가질 수 있는 정보라고는 고작 이력서의 몇 줄 밖에 되지 않는다. 바로 이 지점에서 취업의 구조를 조금 다르게 보아야 한다.

연도	신분(소속)	내용
1999	중3	영화 포스터 스크랩, 영화 팸플릿 수집, 〈씨네21〉 구독
2000	고1	생애 최고 성적(전교 6등) 기록한 뒤 성적의 지속적인 하락
2001	고2	자전거 타기와 양자역학에 빠짐. 물리학원 선생님을 짝사랑함
2002	고3	양자역학, 상대성이론에 심취해 물리경시대회 준비, 수능 포기
2003	재수생	수시와 정시에서 떨어져 1년간 재수함
2004	대학교 1학년	유전공학과 입학, 의학전문대학원 진학 희망, 아주대 범죄심리학 수업 도둑 강의
2005	대학교 2학년	공원 답사 동아리 회장, 학과 학년대표, 전공을 포기하고 국제경영학 복수전공 시작
2006~2007	육군 11탄약창	군지단 내 예초기 정비대회 1위, 농구대 녹 제거 최단 시간 달성
2008	대학교 3학년	복학
2009	휴학	생명과학대 집행부장, 당진에서 아버지 사업을 도움
2010	4학년/(주)테라비전	부동산 개발업체 대표이사. 당진 장고항 건축 현장 관리감독 및 직접 시공
2011	막나가는 조개구이	전국 해안가 유명 맛집 탐방 후 조개구이 가게 운영
2012	백수	7개월간의 영어 공부
2013	IBM 입사	IBM Storage Sales Specialist로 입사
2014	입사 2년차	실적 100% 이상 달성하는 클럽인 HPC 가입
2015	입사 3년차	영업이 천직이라는 것을 깨달음, 과장 승진
2016	입사 4년차	개인 최고 실적 달성(195%)

'회사 및 직무 분석'을 통해 해당 직무가 핵심적으로 요구하는 역량을 파악한 뒤 여러분이 갖고 있는 역량과 연결시키기 위한 취업 준비 프로세스를 작동시켜야 한다.

자신만의 주무기를 찾아라

충청남도 당진군(현재는 '당진시')으로 군대를 다녀오자마자 나는 그곳에서 토목 공사와 식당 영업을 했다. 친구들이 교환학생과 어학 연수, 자격증 취득에 전념할 때 소위 '노가다 판'에서 매일 거친 사람들을 마주하며 새벽부터 저녁까지 고된 일을 했다. 하루는 계약을 맺고 일하던 업체가 갑자기 잠적해버리는 바람에, 경찰서와 법원에 들락거리면서 천막과 파라솔을 놓고 조개구이 장사를 하기도 했다.

이 경험들을 통해 자연스럽게 업체들과 회의하고 대금계산을 하는 사회생활을 작게나마 경험할 수 있었다. 식당을 준비하면서 내 가게에 들어갈 수족관, 테이블 등을 구하러 전국을 다녔다. 그것이 제품 조달이고, 현장 경험이었다는 사실을 그때는 알지 못했다. 그리고 원하는 목적을 이룰 때까지 '중간 결과'는 무의미하다는 것을 뼈저리게 깨달았다. 짓다 만 건물과 조리하다 만 음식은 쓸모없듯이 취업도 면접을 통과하지 않고 성공할 수 없었다.

대학교 시절에는 동아리, 학생회 등의 활동을 했다. 그중 4학년 때 졸업앨범을 만드는 '졸업 준비 위원장'을 맡게 되었는데, 이때 내가 교직원, 앨범 제작업체 그리고 내가 있던 총학생회 3자 간의 비즈니스를 맡고 있다는 사실을 미처 알지 못했다. 단순히 학생회의 일원으로서 참여했을 뿐이라고 생각했지만, 그것은 고객인 졸업생들을 위한 사업 미팅이었고, 나는 또 다른 사회 경험을 하고 있던 것이다.

이 경험을 통해 '영업'을 새롭게 정의하게 됐다. 영업營業은 '사업을 경영한다.'는 의미다. 영업이 사업의 전부이며, 영업사원은 고객을 도와주는 사람이다. 사업이 누군가에게 가치를 제공하기 위해 존재한다고 하면, 영업사원은 '사업 아이템을 통해 사회에 공헌하는 사람'이라는 의미로 해석할 수 있다. 현장에 나가 보면 고객들이 자신이 사려고 하는 제품과 서비스에 대해 잘 모르는 경우가 훨씬 많다는 것을 알게 된다.

나는 영업으로 사회생활을 시작해 현재까지도 영업 중심으로 직무를 수행하고 있다. 따라서 영업 직무에 대한 소개와 영업사원이 갖추어야 할 '핵심 요구 역량'에 대해서 중요하다고 생각하는 4가지를 소개해보고자 한다. 외국계 기업에서 특히 영업 직무에 관심이 있다면 참고하기 바란다.

영업사원이 갖추어야 할 4가지 자질

영업사원이 갖추어야 하는 자질은 대표적으로 커뮤니케이션 능력, 적극성, 책임감, 회복탄력성 4가지를 꼽는다. 영업사원은 회사 안팎뿐만 아니라 시장 안팎으로도 의사소통을 해야 한다. 누구와 어떤 이야기를, 어떤 타이밍에, 어떤 방법으로 해야 할지를 시시각각 판단해야 한다. 학창 시절에 하던 의사소통과는 많이 다르기 때문에, 직간접적으로 경험해보는 것은 매우 중요하다.

적극성은 두 말하지 않아도 공감할 것이라 생각한다. 영업사원은 항상 열려 있는 태도로 상대방의 말에 관심을 가지고 귀를 기울이고 들을 줄 알아야 하며, 적극적으로 문제를 해결하려는 태도를 보여야 한다. 문제라는 것은 고객의 문제이며, 우리의 제품으로 해결하지 못한다면 경쟁사의 제품도 팔 수 있을 정도로 고객에게 적극적으로 다가가 신뢰를 얻어야 한다.

책임감은 영업 전후 과정에서 모두 중요하다. 특히 계약서에 서명 후 발주만 받고 나면 고객에게 소홀해지는 경우가 많은데, 결코 안 될 일이다. 한 번 고객은 영원한 고객이며, 신뢰를 잃으면 회복하기 매우 힘들다. 특히 발주를 받고 난 뒤에 제품, 서비스가 구현되는 이행 과정Fulfillment에서 계속해서 신경을 쓰면 평생 고객을 얻을 수 있다. 적어도 중요한 고객이라고 생각되는 사람은 반드시 그렇게 해야 한다.

회복탄력성은 영업사원에게 매우 중요하다. "이 모든 것은 지나가리라."라는 말을 가슴에 새기고, 일이 잘 풀릴 때는 자중하고, 일이 잘 안 풀릴 때는 빠르게 털어버리는 멘탈 관리가 필요하다.

직무와의 '연관성'을 최대한 부각시켜라

취업 준비를 할 때 직무에 대해 이해가 어느 정도 되고 자신에 대한 분석도 했다면, 직무가 요구하는 '핵심 요구 역량'과 여러분이 갖고 있는 '보유 역량'을 서로 연결시켜야 한다. 여기서 가장 중요한 것은 회사가 채용을 하는 근본적인 원인을 생각해보는 것이다.

기업은 돈을 벌고 유지하며 성장하는 조직이다. 그러기 위해서는 가치사슬Value Chain 구조를 통해 가치(Margin 혹은 Value)를 창출해내는데, 이 구조를 이해하는 것이 매우 중요하다. 기업 홈페이지나 DART(전자공시시스템) 같은 곳에서 구할 수 있는 기업 소개와 재무제표, 조직도 등을 조합하여 구직을 희망하는 기업의 가치사슬을 파악한 다음 채용하고 있는 포지션이 어떤 기능을 하는지 알아야 한다. 인턴이나 아르바이트 경험을 통해 잠깐이라도 기업의 내부자가 되어 그들의 생리를 이해하는 것이 중요하다. 그렇게 나름대로 기업 분석을 해보면 선호 분야, 직무와 연관된 자신의 '보유 역량'을 어느 지점에서 강조할 것인지 감을 잡을 수 있다.

한 가지 팁을 주자면 자기소개서와 면접을 분리해서 생각해선 안 된다. 자기소개서 준비 전략, 면접 준비 전략을 따로 고민한다면 실패를 준비하는 것이나 마찬가지다. 물론 각론에서는 다를 수 있겠지만 본질은 통일되어야 한다. 다시 말해 자기가 발견한 자신의 능력을 여지없이 드러내면서도 직무와 잘 연결되어야 하며, 그것을 생생한 에피소드들로 증명해내면 된다.

일단 자기소개서는 자기 분석을 하면서 얻어진 지원자의 '행동' 위주로 서술해야 한다. 보통 특이한 경험을 한 지원자들은 '독특한 상황에 대한 설명'을 나열하는 경우가 있는데, 전형적으로 자기 세계에 빠지는 경우라고 할 수 있다. 여러분이 대통령과 밥을 먹었던 경험이 있더라도 직무와 연관이 없다면 과감히 빼야 한다. 직무 연관성이 우선이다. 회사가 어떤 조직이고 왜 사람을 뽑는지에 대해 앞서 언급한 부분을 잊지 말자.

면접으로 들어가면 면접장의 공기조차 무겁게 느껴질 정도로 압박이 심하게 느껴진다. 당연한 과정이니 떨지 말라는 조언은 무의미하다. 다만, 그런 상황은 영업사원이 고객사에 매번 찾아갈 때마다 느끼는 압박감과 비슷하다. 그 압박을 이기게 해주는 힘은 다시 한 번 강조하지만 내면에서 나온다. 그리고 그 힘은 사전 준비, 회사(고객)에 대한 이해, 관심, 그리고 결정적으로 상대를 도우려고 하는 마음에서 나온다고 믿는다. 그리고 자기소개서에서 보여준 나의 모습과 면접에서 보여준 나의 모습이 일치되도록 면접장에서 표현해야 한다.

나 자신을 돌아보는 과정, 직무에 대한 분석, 그리고 회사가 어떻게 이윤을 추구하는지(사업 구조)에 대한 이해가 선행되고 나서 자기소개서와 면접을 준비하면 된다. 이 취업 로드맵을 참고하여 전체 취업 준비 과정에서 어떤 것들을 우선적으로 해야 하는지 미리 파악하고 본질에 집중할 수 있기를 바란다.

꿈이 이루어진 지금 이 순간

원재은, 세계 최대 글로벌 맥주 제조기업 A사

외국계 기업 홍보팀에서 일하고 있는 내 모습이 꿈만 같다. 어렸을 때부터 언론, 홍보 쪽에 관심이 많았지만 하고 싶다고 해서 누구나 그 꿈을 이룰 수 있는 건 아니지 않는가? 그렇다면 난 어떻게 그 꿈을 이룰 수 있었을까? 나의 첫 직장생활은 외국계도, 홍보팀도 아니었는데 말이다.

나는 국내 모 식품 대기업의 교육팀에서 첫 사회생활을 시작했다. 대학생 시절 해당 그룹의 장학생으로 선발되어 전 학기 등록금의 80%를 지원받은 나는 재정적으로 뒷받침해준 고마운 회사에 입사했다. 그리고 그때까지만 해도 그 회사에 뼈를 묻고 임원까지 해볼 생각이었다. 5년간 열과 성을 다해 일했다. 몸은 힘들었지만 교육 업무도 적성에 잘 맞고, 승진도 잘 했고, 좋은 직장 선후배를 만나 회사 다니는 것이 즐거웠다.

하지만 채워지지 않는 것이 있었다. '미래에 대한 두려움'이었다. 회사생활을 충실히 했지만 늘 걱정됐다. '미래에 나는 과연 경쟁력이 있을까?', '내가 마흔이 넘어서 이직하려 해도 나를 불러주는 곳이 있을까?', '무엇을 채워야 내 커리어에 당당할 수 있을까?' 등을 고민하던 중 '영어'를 떠올렸다. 학부 전공이 영어였고, 외국계 기업에 다니는 아버지는 늘 영어의 중요성을 말씀하셨다.

하지만 교육팀에서는 영어가 전혀 필요하지 않았다. 그러다 보니 영어 공부도 하지 않았고, 그나마 있던 영어 실력마저 떨어지고 있다는 사실을 체감하는 순간 미래가 두려워졌다. 외국어는 이제 선택이 아닌 필수인 시대에서 영어를 사용할 수 있는 곳에 하루빨리 몸담아야겠다고 생각했다. 그렇게 영어 업무가 가능한 직장을 찾아 문을 두드렸고 끝내 열렸다. 어떻게 마음먹은 대로 입사할 수 있었을까?

섣부른 결정으로 이직에 실패하다

식품 기업을 그만두고, 내가 입사한 곳은 작은 공공기관의 교육사업부 해외교육 담당이었다. 경험 삼아 지원해보자고 시작한 것이 덜컥 합격했다. 첫 직장과 비교하여 기업의 성격이 다르고 규모가 작은 곳에서 두 번째 도전을 했다. '새로운 도전을 하고 싶고, 지금까지 잘 해왔으니 까짓 것 잘할 수 있겠지.'라고 막연하게 생각했다.

그러나 그 생각이 얼마나 안일했는지 곧 깨달았다. 전 직장에서 내가 잘할 수 있었던 것은 내가 잘해서가 아니라 운 좋게 나에게 잘 맞는 업무가 주어졌고, 좋은 사람들과 함께한 덕분이었다. 새로 이직한 곳에서는 열심히 해도 일명 계속 깨지고, 인격적으로 무시당했다. '나는 왜 이렇게 바보 같을까?', '나의 문제점은 도대체 무엇일까?'를 고민하며 하루에 열두 번도 넘게 나 자신을 자책했다. 자존감이 떨어졌고, 이직을 쉽사리 결정한 내가 한심스럽고, 시간을 돌릴 수만 있다면 다시 이전 직장으로 돌아가고 싶었다.

결국 3개월 만에 이직한 회사를 나오게 되었다. 사회 부적응자 같은 내 모습이 너무 비참하고 싫었다. 이직에 실패한 가장 큰 원인은 무엇일까? 한마디로 맞지 않은 구두를 신고 뛰었기 때문이다. 그러다 보니 발이 아프고 물집이 잡혀 걷지도 못하게 된 것이다. 사람마다 잘 어울리는 멋진 구두가 있다. 그 구두를 알아보는 능력이 있어야 하고, 그 구두를 살 만한 능력도 있어야 한다. 첫째로 내가 실패한 이유는 내게 주어진 감사함을 잊은 것, 성급한 결정으로 나와 맞지 않는 회사를 선택한 것 때문이었다. 회사를 이직하기 이전에 해야 하는 것은 내가 지금 직장에서 무엇을 가치 있게 여기는지, 무엇에 갈증이 있었는지에 대한 철저한 분석이다.

또한 내가 무엇에 동기부여가 되고, 힘들더라도 그 '무엇' 때문에 이겨나갈 수 있는지를 알아야 한다. 나에게 전 직장은 대기업이라는 타이틀과 급여, 직무, 함께 일하는 인간관계가 만족스러웠다. 그러나 영어를 쓰는 환경에서 일하고 싶은 욕심과 워라밸이 불만이었다. 여기서 중요한 것은 후자(불만족스러운 부분)가 충족되는 것이 과연 전자(만족스러운 부분)를 포기할 만큼의 가치가 있는지를 분석하는 일이다. 나는 전자를 간과해버린 것이다.

내가 우선시하는 것이 무엇인지를 알면 그것만은 절대 포기해서는 안 된다. 포기할 만큼의 매력적인 것이 있지 않는 한, 쉽게 결정해서는 안 된다. 그렇게 실패에 대한 분석을 마치고 나는 다시 처음부터 시작했다. 또 한 번의 취준생을 경험하다니. 나는 겸허하게 자소서를 써내려갔다. 자소서를 쓰는 게 이렇게 힘든 줄 몰랐다. 나를 마냥 자랑하지 않으면서 내가 가진 역량이 돋보이도록 드러내기란 어려웠다. 나 자신을 열심히 탐구했던 시간이었다. 면접에서 떨어지기를 몇 번을 반복하다 인연을 맺은 곳이 지금 다니는 글로벌 기업 A사다.

꿈이 이루어진 순간

세 번째 회사의 첫 시작은 온전치 않았다. 대기업 정규직으로 5년 넘게 일했던 나는 과감한 선택을 했다. 지금의 회사에 계약직으로 입사한 것이다. 퇴사한 지 3주 만에 직장을 바로 구했다. 부모님은 지금까지 고생했다고 여행이라도 다녀오라고 했다. 그렇지만 나는 하루 빨리 좋은 사람들과 내가 잘할 수 있는 업무를 해서 나의 가치를 인정받고 싶었다. 어떻게 그렇게 빨리 입사할 수 있었냐고 물어본다면 '절실'했기 때문이다.

사실 외국계 입사를 위해 따로 영어 준비를 한 것도 없었다. 다만 한 직장에서 5년 넘게 최선을 다해 일한 경험과 내 눈빛과 태도에서 비춰진 절실함이 비결이지 않았을까 싶다. 나 스스로도 당당했다. 지난 세월을 돌이켜봤을 때 다양한 업무 경험, 빡센 업무 강도, 각양각색의 리더와 맞춰나간 경험들에서 내공이 쌓였다. 그만큼 첫 직장에서 열심히 했다. 나 자신에게 한 점 부끄럼이 없었고, 그 당당함이 자신감으로 비치고, 면접관들의 신뢰를 얻을 수 있었던 것 같다.

이 회사는 채용할 때 학연이나 지연은 고려하지 않는다. 후보자의 직무 역량, 컬처핏Culture fit, 리더십, 글로벌 비즈니스 마인드가 가장 중요한 고려 요소다. 이 회사가 원하는 인재상을 크게 3가지로 표현한다면 'Be Curious(호기심을 가진 사람)', 'Be Ambitious(야망을 가진 사람)', 'Be Resilient(회복력이 있는 사람)'한 인재다. 'Be Curios'는 호기심 많고 왜Why에 대한 물음과 탐험 정신이 투철한 인재다. 도전을 기회로 인식하고 잠재적인 가능성에 열광하는 인재라고 볼 수 있다. 'Be Ambitious'는 개인 및 팀의 성공을 갈망하고 높은 도전 과제를 적극적으로 수행하고, 우리 회사의 빠른 승진 제도 및 열정 가득한 사내문화에 동기가 부여되는 인재를 원한다. 'Be Resilient'는 압박을 잘 견딜 뿐 아니라 도전을 즐기는 성격, 지혜로우며 목표 달성을 위해 항상 기지를 발휘하는 인재를 원한다. 기억에 남는 면접 질문은 크게 3가지였다.

첫째는 본인을 스트레스 존에 어떻게 노출시켰는지, 어떻게 개선하기 위해 노력했는지, 둘째는 단순히 월급을 받기 위해 지원한 사람이 아니라 회사와 성장하고 싶은 의지가 있는지, 셋째는 구체적인 리더십 스타일에 대한 질문이었다. 이에 맞춰 자기만의 답을 잘 구성하여 준비해보길 바란다. 면접관은 입사하면 함께 일하게 될 분이기에 나 역시도 그들을 면밀히 관찰했다. 경력직 면접의 면접관은 내가 지원한 팀의 팀장님 또는 실무자가 직접 면접을 볼 확률이 높다. 면접관이었던 분이 나와 함께 일할 팀장님과 과장님이라고 하니, 꼭 입사하고 싶었다. 그리고 당당히 합격했다.

당시 내가 계약직이라는 사실을 잊고 일에 전념했다. 그렇지만 2년이라는 계약 기간이 왜 그리도 짧은 건지 회사와 작별해야 하는 시기가 다가올수록 불안했다. '그래, 난 이곳에서 최선을 다했어. 후회 없어. 열심히 했고, 지금 이 열정과 업무 마인드, 역량으로 다시 난 점핑할 수 있어. 걱정 마.' 그럼에도 불구하고, 미래에 대한 불안감을 떨칠 수가 없었다. 서른이 넘은 나이도 부담되고, 계약직으로 전전긍긍하며 직장생활을 해야 한다고 생각하니 마음이 편치 않았다. '이곳에서 정규직으로 전환되어야 다른 회사에서도 명함을 내밀 수 있을 텐데…' 하고 걱정하던 찰나에 절호의 기회가 왔다. 그리고 1년 반이 되던 시점에 정규직으로 전환되었다.

노력도 노력이지만 운도 따랐다. 내가 맡고 있던 기업문화 및 교육팀의 사내소통 업무가 글로벌 조직 상 인사팀에서 홍보팀으로 이관되면서 TO가 생긴 것이다. 사실 외국계 기업에서 지원 부서에 한 명의 TO를 따낸다는 것은 매우 어렵다. 하늘은 스스로 돕는 자를 돕는다고 했던가. 그렇게 내겐 꿈만 같은 기회가 왔고, 나는 회사를 떠나지 않아도 된 것이다. 모든 것에 감사했다.

하지만 내가 이동하게 될 홍보팀은 내가 한 번도 경험해보지 못했던 부서였고, 나는 또다시 새로운 일에 적응해야 했다. 새로운 사람, 새로운 문화, 새로운 업무들. 그렇게 변화는 시시각각 찾아오고 그 변화를 받아들이며 적응해야 하는 건 도태되지 않기 위한 인간의 숙명인 듯하다.

우선 홍보팀은 전 직원 중 가장 말을 잘하고 글을 잘 쓰는 사람이 모인 조직이다. 나는 홍보팀에 필요한 필수 역량을 단기간에 끌어올려야 했다. 매일 아침 출근하자마자 신문 사설을 읽고 베껴 쓰기를 했다. 그리고 출퇴근길에 닥치는 대로 신문, 경제지, 소설,

수필, 시 등을 읽었다. 꾸준하게 실천해 이제 나는 어엿한 사내 소통 담당자로서 역할을 충실히 수행해내고 있다.

홍보팀은 무슨 일을 할까?

우리 회사 홍보팀의 정확한 명칭은 정책홍보 부문으로, 총 4개 팀이 있다. 대외정책팀 Corporate Affairs, 언론팀 Pubilc Relations, 사회공헌 Corporate Reputation, 사내소통팀 Internal communication이다. 나는 사내소통팀 소속으로 1인팀이다. 홀로 팀의 팀장이자 팀원으로서 역할을 수행하고 있다. 외국계 사내소통팀의 주된 역할 중 하나는 글로벌과 존에서 공유해야 하는 주요 공지사항을 시기적절한 때에 정확하게 전달하는 것이다.

소통의 역할이 중요한 만큼, 사내소통팀으로서 막중한 책임감과 사명감을 가지고 일하고 있다. 우선 회사의 모든 공지사항은 사내소통팀의 최종 검토를 통해 발표된다. 각 부문에서 공지해야 할 메시지는 사내소통팀의 검토를 받고 내보내게 된다. 따라서 나는 모든 공지와 안내 사항을 읽어보고 전반적인 틀과 구성부터 문맥, 문장, 맞춤법 등을 꼼꼼히 검토한다. 기존에 전달받은 메시지를 한층 업그레이드하여 메시지를 내보내는 것이 나의 역할이다.

검토 시 중점적으로 보는 것은 직원의 입장에서 글을 읽고, 직원들이 알아듣기 쉽게 구성할 수 있도록 의견을 주는 것. 메시지를 전달받고 검토한 후, 내가 올바른 가이드를 주어야 하기에 타사의 사내 공지사항, 엄선된 소통 레터를 많이 보고 따라 하고 벤치마킹한다. 올바른 타이밍에 정확한 정보를 알아듣기 쉽게 전달하는 것. 그게 바로 소통팀 전문가로서 내가 이 자리에 존재하는 이유라고 생각한다.

또한 외국계 회사다 보니 글로벌 본사에서 반드시 공유해야할 전사 메시지를 BU 사내 소통 담당자에게 보내면서 공유해달라는 요구가 많다. 우선, 글로벌에서 내린 전사 메세지는 모두 영문이다. 따라서 영문을 한글로 번역하여 직원들에게 메시지를 내보내야 한다. 회사 내 전문 통번역사가 1차 번역을 하고, 번역본을 토대로 직원들이 이해하기 쉽게 다듬고 매만진다. 나는 학부 때 영어 통번역을 전공했다. 같이 공부하는 친구들 절반 이상이 외국에서 살다 왔고, 그 친구들과 같이 공부하고 학점을 받는 것이 여간 힘든 일이 아니었다.

'언젠가는 지금의 공부가 도움이 되겠지.' 하는 마음으로 학과 공부를 했다. 그때는 언제 쓸모가 있을까 했는데…, 역시 공부는 해두면 쓸모가 있다. 번역 공부를 했던 그 경험 덕분인지, 어떤 부분을 수정하면 더 좋은 글이 될지에 대한 나름의 언어적 감각이 있다. 홍보팀에서 일하고 싶다면 글을 읽고 쓰기를 좋아해야 하는 것은 분명하다. '문향文香'이라 했던가? 여러분의 글에 자신만의 향기가 있다면 홍보팀을 노크해도 좋다.

PART 3

당장 입사하고 싶은
외국계 취업 Q&A

Q. 대기업 직원도 부러워한다는
외국계 기업에 다녀보니?

A. 남녀 차별과 불필요한 잡무가 적어요.

김수진 멘토, (전)한독, 피자헛, 맥쿼리증권, 스탠다드차타드은행

모든 외국계 기업이 우수한 복리후생 시스템을 가지고 있는 것은 아니다. 단, 능력에 따라 처우 및 승진이 달라질 수 있다. 개인의 능력과 성과에 따라 승진이 빠를 수도 있지만 반대로 성과가 좋지 못할 경우 책임 역시 뚜렷하게 따른다.

또한 외국계 기업은 해외 출장이 잦은 편이다. 비교적 자유로운 분위기에서 자기계발에 충분한 시간을 확보할 수 있다. 남녀 차별이 적고 신입사원이라도 불필요한 잡무에 시달리는 일이 적으며, 자유로운 분위기에서 자신의 업무에만 집중할 수 있는 장점이 있는 반면 인간적인 교류가 적은 편이다. 국내 기업처럼 선임 직원이 하나하나 챙겨주는 친근함은 없는 편이다.

100년 이상을 운영해온 외국계 기업의 경우 합리적이고 효율적인 경영 시스템을 가지고 있다. 통상적으로 미국계 회사들은 의사결정이 빠른 편이고 업무 집중도가 높으며, 사업 성과에 따라서 대규모 구조조정과 사업부를 폐쇄하기도 한다. 유럽계 회사들은 의사결정이 빠르지는 않지만 신중한 만큼 쉽게 구조조정을 하거나 철수하는 경우가 드물다. 일본계 회사들은 국내 대기업과 비슷한 조직문화를 가지고 있어 보수적이며, 근무 태도 및 회사에 대한 충성도를 높게 사는 편이다.

A. 팀장과 팀원이 협력자 관계에 가까워요.

이규현 멘토, 스포츠용품 제조기업 N사

지금까지 세 곳의 회사를 거쳤다. 국내 굴지의 신용카드 회사인 S사는 팀장의 권한이 매우 막강했다. 당시 내가 있던 팀은 약 30명 정도로 구성되어 있었는데, 막내로 입사했던 나는 퇴사하는 순간까지 팀장과 특별하게 대화해본 적이 없다. 팀장에게까지 보고가 올라가는 과정에서 '사원 → 팀장'으로 가는 루트는 없었으며, 팀에 있는 나의 또 다른 상사를 통해서만 보고가 올라갈 수 있는 프로세스였다. 팀장의 권위는 팀 전체의 분위기를 좌지우지했다.

반면 글로벌 기업 N사는 수평적인 조직 구조를 가지고 있다.

팀장과 팀원 사이의 관계는 상명하복의 관계이기보다 협력자 관계에 가깝다. 팀장과 팀원의 관계뿐만 아니라 임원에 해당하는 부서장과의 관계도 그렇다. 부서의 막내 직원이라도 팀원들과 동등한 관계에서 의견이 공유된다. 수평적인 문화 구조에 익숙한 젊은 세대에게는 이런 부분이 외국계 기업을 선호하는 가장 큰 장점이 될 수 있을 것이다.

A. 성과를 내면 기회와 보상이 주어져요.

원재은 멘토, 맥주 제조기업 A사

외국계 기업에서는 연공서열과 직급 중심으로 일하는 모습을 상상할 수 없다. 자신에게 주어진 일에 대한 철저한 주인의식을 바탕으로 역동적으로 일하고 성과를 내는 문화다. 고성과자에게는 많은 기회와 보상이 부여된다. 우리 회사는 공정하고 선진화된 경영 프로세스를 가지고 있어 30대 초반의 팀장도 있으며, 임원의 평균 연령은 40대 중반이다. 성과를 통해 능력을 증명하면 초고속 승진이 가능하다.

A. 직무나 팀에 따라 복지, 워라밸이 천차만별이에요.

김관민 멘토, IT기업 G사

외국계 기업의 본사 방침에 따라 기업문화를 운영하려 노력하기 때문에 기업 고유의 복지, 워라밸, 수평적인 문화 등을 지키려 하지만 결국 직무나 팀에 따라서 천차만별이다. 한국법인은 한국에서 사람을 고용하기 때문에 흔히 말하는 '한국 패치'되기 쉽다. 그러나 외국계 기업들의 공통적인 차별성이자 장점은 역할 기반role-based의 경험을 토대로 자신만의 커리어 빌딩을 할 수 있다는 것이다. 조직의 강요가 아닌 자기 선택 기반choice-based에 의한 직무 이동이 가능하다.

A. 정규직이라고 정년이 보장되는 것은 아니에요.

최윤성 멘토, 아데코

외국계 기업은 정규직, 계약직, 인턴, 프리랜서 등으로 고용의 형태를 구분한다. 또한 근무 시간에 따라 풀타임과 파트타임으로 나누기도 한다. 풀타임이 곧 정규직을 의미하는 것은 아니다. 어느 정도 경력과 기술이 있는 정규직과 계약직은 업무 능력과 보상에서 크게 다르지 않다. 매년 갱신하는 근로 계약을 맺고 있는지가 다를 뿐이다.

정규직이라고 해서 정년이 보장되는 것은 아니다. 매년 연봉

협상을 통해 회사에 남을 것인지 말 것인지를 선택하게 된다. 사실 실적과 평가에 따라 책정된 금액을 보고 남거나 떠날 것을 결정한 다고 봐야 한다. 계약직이더라도 실적과 평가에 따라 정규직보다 더 많은 인센티브와 연봉을 받을 수 있다. 외국계 기업에는 계약직 을 고집하는 고성과자High Performer도 있다.

A. 어떤 회사든 긁지 않는 복권과 같아요.

이승범 멘토, 전자&제조기업 S사

복지가 좋은 것은 대체로 맞다. 외국계 기업은 많은 분야의 상 품을 판매하기 때문에 기업의 이미지 관리에 대체로 많이 신경 쓰 는 편이다. '대체로'라고 말한 이유는 외국계 기업들은 많은 지역에 사무소 및 공장을 가지고 있으며 나라별 문화가 너무 다르기 때문 이다. 외국계 기업은 이미지가 손상되지 않는 범위 내에서 국내 대 표에게 재량권을 주고 있다. 따라서 입사하는 기업 대표의 마인드 에 따라 회사 복지가 결정된다.

외국계 기업은 워라밸이 보장된다고 생각해 정시 퇴근을 기대 하겠지만 실제로는 그렇지 않다. 복지에 대한 사항이 국내 지사 대 표의 재량에 포함된다면, 퇴근 시간은 대표와 팀장이 좌우한다. 또 한 부서별로 편차를 가지고 있어서 같은 회사를 다녀도 어떤 부서 는 정시 퇴근하고 어떤 부서는 매일 밤 11시까지 근무하기도 한다.

나는 한 회사에 취업하는 것은 "긁지 않은 복권 하나를 손에 쥔 것과 같다."고 말한다. 내가 제어할 수 없는 대표와 팀장의 재량에 따라 내 업무 상황이 많이 달라진다. 외국계 기업이 복지, 워라밸, 급여 등이 좋다는 소문이 많은데 막상 입사하게 되면 생각한 것과 너무 달라 힘들어질 수 있는 곳이 회사다.

A. 외국계 직장생활은 매니저가 좌우해요.

권진환, 생명과학기업 T사

현재 다니고 있는 회사는 6번째 글로벌 기업이다. 통상적으로 어떤 매니저를 만나느냐에 따라 출퇴근 시간, 휴가, 점심식사, 회식 등 회사의 문화와 개인의 업무 평가가 좌우된다. 평가 방식은 회사에서 정한 규정과 절차에 따르겠지만 그 세부사항을 정하는 것은 매니저가 온전히 결정한다.

매니저가 정하지 않는 것 중에서 회사별로 차이를 보이는 것은 회사의 인지도와 평점, 회사의 시스템이 얼마나 잘 갖춰졌는지, 회사의 연봉 수준과 연봉 인상율 정도다. 다만, 연봉 인상율은 매니저의 영향이 지대하다. 따라서 면접 볼 때 여러분도 매니저를 평가해야 한다. 가능하면 면접관의 명함을 따로 받아 메일이나 문자를 보내서 성격을 파악해보는 것도 좋다.

A. 업무를 대하는 태도가 문제 해결 중심적이에요.

김지윤 멘토, 미디어기업 D사

국내 기업과 외국계 기업의 가장 다른 점은 업무를 바라보는 태도다. 국내 기업은 감정적인 부분에 중점을 둔다고 하면 외국계 기업은 좀 더 이성적인 판단에 의해 업무가 진행된다. 예를 들면 일이 잘못되었을 때 외국계 기업은 그 일이 재발하는 것을 방지하고 즉시 해결책을 수행하려고 한다.

외국계 기업으로 이직한 후 가장 신기했던 부분은 이메일을 쓰는 양식이 모두 다르다는 것이었다. 국내 기업은 주고받는 메일의 형식과 레이아웃이 일원화되어 있었다. 신입사원 시절에는 이메일을 보내기 전에 종이에 출력해서 사수에게 빨간 펜으로 수정받은 뒤 보내야 했다. 내용에 대한 수정보다는 정해진 형식에 맞추기 위한 수정이 많았다.

그에 비해 외국계 기업의 메일링 스타일은 형식보다 내용을 중시하는 경향이 있어 내용 전달만 잘 되면 양식이 크게 중요하지 않다. 여러 국가의 사람들과 메일링을 주고받다 보면 스타일은 제각기 다르지만 내용 전달은 분명하다.

Q. 전현직장에서 겪었던 재미난 에피소드는?

A. 12월에는 사무실이 문을 닫아요.

최윤성 멘토, 아데코

연차 휴가를 자유롭게 사용하다 보니 직원들이 1년에 2~3회씩 해외여행을 다닌다. 특히 12월에는 사무실을 닫고 연차를 사용하는 거래처(외국계 기업)가 많아서 휴가를 사용하지 않은 직원들은 중순 이후부터 연차 휴가를 떠나 다음해 시무식에서 얼굴을 보기도 한다. 때때로 부서장 혼자서 사무실에 앉아 있는 모습을 볼 수 있다. 또한 해외법인 직원들이 우리나라에 자주 온다. 특히 여름에는 아시아 13개 국가 법인에서 한국으로 휴가를 오는 직원들이 많다. 친분이 있는 경우 함께 식사를 하기도 하는데, 여름이면 서울의 강남 맛집을 소개하는 가이드가 되어주기도 한다.

A. 회사에서 무료로 스위스 관광을 시켜줬어요.

신주원 멘토, 부동산 컨설팅기업 C사 (전)아디다스

해외 출장의 기회가 빈번하다. 스위스 기업인 ABB에 재직할 때 일주일간 본사가 있는 취리히에서 리더십 과정에 참석했다. 교육 일정은 월요일부터 금요일이었다. 교육이 한창 진행되던 수요일, 아이슬란드에서 화산 폭발이 일어났다. 다음 날이 되자 독일, 프랑스 등 유럽의 여러 국가들이 차례로 공항을 폐쇄하기 시작했다.

아이슬란드의 화산 폭발로 인해 화산재가 비행기의 엔진에 들어가면 치명적인 결함이 발생하는 까닭이었다. 결국 스위스마저도 공항을 폐쇄했다. 상사로부터 다음주에 취리히 본사로 출근하라는 전갈을 받았다. 대부분의 업무는 이메일로 처리했기 때문에 업무상 공백이 생기지는 않았다. 그렇게 3주 가까이 취리히에 머무르게 되었다. 숙박비와 식비는 전액 회사에서 부담하므로, 교통비만 부담하면 스위스 전역을 여행할 수 있었다. 금요일부터 시작되는 주말부터(본사는 금요일 오후 3시에 퇴근한다.) 시작해 취리히 근교의 바덴, 루체른, 바젤(바젤에서는 심지어 버스를 타고 독일에 다녀왔다) 등을 여행했다. 잊지 못할 소중한 경험이었다.

A. 5년 차 사원의 하루 일과는 메일로 시작해서 끝나요.

김지윤 멘토, 미디어기업 D사

관리팀이기 때문에 사무실에서 대부분의 시간을 보낸다. 9시에 출근하면 커피를 한 잔 내려온다. 회사에 드립커피와 커피머신이 있어 기호에 따라 고르는데, 회사 생활의 즐거운 부분 중 하나다. 커피를 가지고 자리에 와서 지난 저녁과 밤 또는 어제 미처 답장하지 못한 메일을 확인한다. 그중 타팀과 확인하지 않고도 바로 답장해줄 수 있는 간단한 내용 또는 급한 메일은 우선적으로 답장한다. 오전 11시부터 점심으로 뭘 먹을지 동기와 메신저로 고민한다. 메뉴는 한정적인데도 궁리하는 재미가 있다.

점심식사 후 음료를 한 잔 사서 들어온다. 오후에는 보통 컨퍼런스콜 또는 외국인 매니저와 통화하는 스케줄이 많다. 아웃룩 스케줄에 포함되어 있으면 그 날 미팅룸을 예약하고 해당 시간에 들어가서 콜에 참여한다. 보통 컨퍼런스콜용 영상통화가 가능한 사내 어플리케이션을 쓰고 1, 2명이 프레젠테이션을 진행한다. 중간 또는 마지막에 있는 질문 시간에 몇 가지 질문을 한다. 여러 국가의 직원이 참여하다 보니 발표와 질문은 모두 영어로 진행된다.

오전에 확인했던 메일 중 타팀과 확인해야 하는 메일들은 사내 메신저 또는 메일로 추가 질의를 넣어놓았다가 회신이 오면 문의자에게 최종 메일을 다시 보내준다. 관리팀은 업무의 9할 정도가 메일링 작업이다.

A. 입사 6개월 차에 지사 총괄이 되었어요.

김관민 멘토, IT기업 G사

외국계 기업에서 커리어 빌딩을 시작한 가장 큰 이유는 내가 노력한 만큼 인정받을 수 있으며, 비교적 수평적인 기업문화를 가지고 있기 때문이다. 물론 흔히 말하는 '한국 패치'가 된 외국계 기업 중에 이러한 특성이 거의 없는 기업도 있다. 하지만 내가 1년간 일한 영국계 기업 다크 트레이스는 내가 노력한 만큼 돌려받았고 수평적인 기업문화가 살아 숨 쉬는 곳이었다.

외국계 기업에서의 신입 생태계는 말 그대로 아마존 정글과 유사했다. 일주일의 솔루션 기술 및 영업 교육 이후 바로 실전에 투입됐다. 노력한 만큼 돌려준다는 말은 바꿔 말하면 노력하지 않으면 국물도 없다는 말이다. 나만의 무기를 개발하고 협력자를 만들어야 했다. 영업 및 사업 기획을 할 때는 지사장님, 팀장님과 협의해야 했지만 데이터에 의거한 논리적인 도전 방법에 대해서 누구도 제한하지 않았다.

나는 다크 트레이스에 영업사원으로 입사하기 전에 아마존 웹서비스(AWS)에서 IT 영업에 대해 인사이트를 얻었다. 즉, 경험을 통해 습득한 나만의 무기는 고객 데이터를 면밀하게 분석하고, 고객의 특성과 영업 히스토리에서 맞춤형 영업 전략을 도출하는 것이다. 나만의 영업 전략을 파트너사, 지사장님과 구상하던 중 'IT 솔루션의 지역 확산 주기는 약 3년이며, 지방 영업은 직접 영업보다 파트너 영업이 효율적이라는 것'을 알게 되었다.

현재 한국 지사가 설립된 지 3년이 되었다. 나는 경상도 지역에서 실적이 없다는 것에 주목해 경상도 지역의 대표가 되겠다는 목표를 가지고 경상도 지역 파트너를 발굴하는 것에 전념했다. 경상도를 선택한 것은 국내 1,000대 기업 규모와 보안 예산 투자 규모를 고려했을 때 부산, 대구가 위치한 경상도부터 지역 영업을 시작해야 한다는 데이터에 의한 판단이었다. 고객에 대한 분석 또한 지역 파트너의 피드백을 적극 반영했고 이를 통해 파트너 관리와 영업 전략을 구상했다. 그렇게 입사한 지 6개월 만에 나는 대리로 승진했으며, 경상도 지역 전체 총괄을 담당하게 됐다.

국내 기업에서 입사한 지 6개월 된 신입이 무엇을 할지는 천차만별이겠지만 외국계 기업은 끊임없이 고민하고 전략적으로 움직이는 이에게 기회와 권한을 부여한다. 그리고 그 노력에 대한 보상과 인정을 확실하게 한다. 그것이 새로운 동기부여가 되고, 그렇게 '일을 즐기는 사람'으로 성장한다.

A. 글로벌 기업의 참된 모습은 본사에서 느낄 수 있다!

이규현 멘토, 스포츠용품 제조기업 N사

N사에 입사하기 전에는 막연하게 '스포츠를 좋아하는 사람들이 모여 있겠구나.'라고 생각했다. TV 광고나 기사로 보는 수많은

스포츠 스타들의 모습이 내가 보아왔던 이 회사의 이미지였기 때문이다. 우리가 잘 아는 운동선수들이 이곳을 상징한다면 브랜드의 내부 구성원들, 즉 직장동료들은 스포츠를 좋아한다기보다 브랜드에 대한 애정으로 다니는 사람들이 많다.

특히 미팅하거나 발표할 때 그들의 역동적인 면모가 드러난다. 브랜드의 역사에 대해 상상을 초월할 정도로 자긍심을 가지고 있는 이들이 많으며, 때때로 "오타쿠"라고 불릴 만큼 수십 년 전에 만들어진 제품에 대한 숨겨진 이야기를 말하는 이들까지 정말 다양하다. 한마디로 브랜드에 대한 사랑으로 똘똘 뭉친 구성원들이 이곳의 미래를 만들어가고 있다.

회사에 입사하고 난 후 2년 정도는 강남역 인근에 있는 사무실에서만 일했다. 미국 오리곤에 본사를 두고 있지만 출장 갈 기회가 없다 보니 어느 순간 이곳이 글로벌 기업이 맞나 생각한 적도 있었다. 그도 그럴 것이 한국 사무실에 있으면서 수많은 한국인들과 반복되는 패턴으로 일하다 보니 자연스레 한국적인 조직생활에 길들여지고 있었던 것이다.

그러던 와중에 업무가 변경되어 미국으로 출장을 가게 되었다. 그곳에서 나의 회사와 조직, 내가 몸 담고 있는 브랜드의 참된 모습을 만날 수 있었다. 나의 브랜드가 시작된 곳, 그리고 내가 속한 조직의 캠퍼스(구글처럼 본사를 캠퍼스라고 부른다)를 방문해 내가 어떤 브랜드에서 일하고 있는지를 느끼는 건 자긍심마저 생기게 했다. 첫 번째 출장 이후로 십여 번이 넘는 출장을 본사로 다녀왔다. 본사로의 출장은 일상의 지루함에서 벗어나 새로운 동기부여가 된다. 도시 곳곳에서 내가 속한 브랜드를 온몸으로 느낄 수 있고 도시를 구성하는 낯선 사람에게서 내가 속한 조직에 대한 감사의 말을 듣는다는 것, 그곳에서 글로벌 기업의 참된 모습을 느낄 수 있다.

Q. 인사 담당자가 인정하는 외국어 스펙은?

A. 토익 900점, 오픽 IH

김지윤 멘토, 미디어기업 D사

학교에서 수업하는데 외국인 친구와 같은 팀이 되었다고 생각해보자. 외국인 친구를 처음 만났고 함께 팀 프로젝트를 해야 하니 이것저것 물어보게 될 것이다. 무엇을 묻게 될까? 어느 나라에서 왔는지, 좋아하는 한국 음식은 무엇인지 등이다. 외국계 회사에서 신입사원은 이 정도의 영어회화를 할 줄 알면 된다. 취준생들은 외국계에 입사하려면 마치 고급 용어 또는 원어민에 준하는 실력을 가져야 한다고 생각하는데 그건 아니다. 비즈니스 영어는 일하면서 배울 수 있고 또 자기계발을 통해서 실력을 점차적으로 늘려 가면 된다.

그렇다면 왜 이 정도의 영어 수준이 필요할까? 본사가 외국에 있기 때문이다. 중요한 결정은 외국 본사에서 외국인이 내리고 그다음에 결정 사항이 한국 지사로 내려온다. 그럼 외국어로 된 가이드를 이해할 수 있어야 한다. 보통 큰 지시사항은 한국 지사에 계신 임원 분들이 제일 먼저 받고 그다음 순차적으로 내려오게 되는데 이때 보통 컨퍼런스콜을 한다.

외국 본사와 한국 지사 담당자가 다 같이 콜을 하면서 외국어로 진행한다. 이때 주로 이야기하는 분은 팀장이나 임원들이고 나머지는 듣는 입장이다. 이 말은 말단 사원 때는 외국어를 잘하는 것이 업무에 크게 영향을 미치지는 않고 해두면 좋은 정도나, 직급이 올라갈수록 본사와 콜을 하거나 업무 보고를 해야 할 일이 많기 때문에 영어 실력이 필요하다.

A. 토익스피킹 레벨 6, 오픽 IM3

조윤성 멘토, (전)IBM

외국계 기업이라고 해서 특별히 높은 공인 영어성적이 필요한 것은 아니다. 토익 성적을 요구하는 경우도 있긴 하지만 역시 '말하기 능력'이 중요하다. 공인 영어성적과 관련해서는 직무별로 차이가 있지만 보통 오픽은 IM3-IH나 토익스피킹은 레벨 6, 7 정도면 무난하다. 단, 공인 영어성적은 실력을 충분히 반영하지 못하거나 실력보다 높게 성적이 나오는 등 왜곡될 가능성이 있다. 따라서 영어면접에서 실질적인 영어 말하기 능력을 보여주는 것이 중요하다.

A. 토익 850점

김수진 멘토, (전)한독, 피자헛, 맥쿼리증권, 스탠다드차타드은행

토익 성적표가 유효기간이 만료돼서 입사 지원을 못 한다는 학생을 만났다. 공기업, 대기업에 입사하려면 유효기간이 중요할 수 있겠지만, 외국계 기업은 점수를 참고만 한다. 기업 내의 스피킹 테스트나 면접에서 실력을 점검하므로 이것을 통과하면 된다. 영어 구사 능력은 높을수록 좋다. 들을 수 있고, 말할 수 있고, 전화로 커뮤니케이션 할 수 있고, 프레젠테이션 할 수 있으면 좋다.

직무에 따라서는 영어 실력이 조금 부족해도 외국계 기업에 입성이 가능하다. 영어 구사력에 대한 기대치가 높지 않은 국내영업, 개발, CS, 생산 직무가 그렇다. 일단 입사한 다음에 꾸준히 영어실력을 늘린 뒤 기회가 왔을 때 지원하면 된다. 예를 들면, 영어실력이 부족하여 영업지원 업무로 입사했다가 영업 데이터 분석력을 익히고, 제품과 서비스가 영업 현장에서 어떻게 받아들여지는지를 이해한 후 마케팅으로 이동해 오히려 빠르게 성장한 경우도 보았다.

A. 토익 850점

신주원 멘토, 부동산 컨설팅기업 C사 (전)아디다스

"영어를 얼마나 잘 구사해야 하나요?"라고 질문을 하는 사람들이 많은데 나는 역으로 질문하고 싶다. "조건이 거의 동일한 후보자 A와 B가 있다. A는 미국에서 10년을 살다온 원어민이고, B는 어학연수, 교환학생 등을 통해 영어를 학습했지만 국내파치고는 정말 영어를 잘하는 사람이다. 인사 담당자는 누구를 선택할까?"

모든 조건이 같다면 당연히 A를 선택한다. 직장은 프로의 세계다. 얼마나 열악한 상황에서 영어 실력을 갖게 되었는지는 그다지 관심이 없다. 현재 그 사람이 그 스킬을 가지고 있는지, 얼마나 뛰어난지를 판단할 뿐이다. 직무에 따라 다르긴 하나 기본적으로 토익이 850점 이상 되어야 서류전형을 통과할 확률이 크다. 외국계 기업은 90% 이상이 영어면접을 진행하므로 영어를 얼마나 잘 구사하는지가 더 중요하다.

A. 스펙보다 인턴십 등 해외근무 경험이 중요해요.

김관민 멘토, IT기업 G사

영어는 본사와 미팅을 할 때, 문서나 이메일을 작성할 때 필요하다. 그렇다고 꼭 외국어 자격증이나 성적이 필요한 것은 아니다. 외국계 채용 공고의 대부분은 외국어 성적표보다 경험에 관심이 있다. 따라서 해외 교환학생보다는 해외 인턴십을 선택하는 것이 현명하다.

외국계 기업에 취업하고 싶다면 해당 언어권의 나라에서 해당 언어를 사용하며 실제로 일한 경험이 중요하다. 교환학생을 다녀온 학생은 많지만 외국에서 일한 학생은 많지 않다. 물론 국내에 있는 외국계 기업 혹은 국내 기업에서 해당 언어를 써보는 직무경험을 하는 것도 좋다. 이를 이력서와 면접에서 얼마나 잘 어필하느냐가 당락을 결정할 것이다.

자신의 직무가 해당 언어를 꼭 유창하게 해야 하는 직무라면 이에 대해서는 철저하게 준비해야 한다. 이를테면, 해외영업을 희망하는데 해당 국가의 언어를 잘 구사하지 못하면 문제가 된다. 만약 영어권 해외 영업 직무에서 일하고 싶다면, 영어권 나라에서 인턴을 할 수 있는 기회를 얻기 위해 체계적으로 준비해야 한다.

A. 회사, 직무마다 원하는 수준이 달라요.

권진환 멘토, 생명과학기업 T사

직무, 회사, 매니저에 따라 원하는 수준이 모두 다르다. 일반적으로 JD를 보면 짐작이 간다. '원어민Native'이라고 말할 정도면 단순히 영어를 잘하는 것이 아니라 해당 언어권의 문화까지 잘 알고 있을 경우에 해당된다. 최소한 해외에서 학교를 나왔기를 원한다.

'유창한 영어 실력Fluent in English'은 업무를 원활히 진행할 수 있는 영어 수준이 요구된다. 어학연수나 국내에서 공부해도 충분히 도전할 수 있다. '비즈니스 영어'는 영문 이메일과 의사소통이 가능하며 업무를 하는 데 무리 없는 수준에 해당한다. 그리고 일반적인 직무에 따라 구분해보면 다음과 같다.

영업은 통상 비즈니스 영어를 요구하고, 마케팅은 유창한 영어실력, 해외영업은 유창한 수준의 영어에서 원어민 실력까지 요구된다. 전문직의 경우 영어의 비중이 조금 낮아지기는 한다. 영어 면접 준비를 충실히 하면 면접은 통과할 수 있다. 하지만 이후 실제 업무에서 영어 실력이 바닥이 드러나면 3개월의 수습 기간을 통과하지 못할 수 있다.

A. 영어 실력은 뛰어날수록 좋아요.

최윤성 멘토, 아데코

외국어 스펙은 매우 높게 요구된다. 외국계 기업에 입사하고자 하는 이유는 무엇인가? 글로벌 기업문화, 특히 수평적인 분위기에서 고성과자가 되어 높은 급여와 복지를 누리고 싶은 것 아닌가? 글로벌 기업문화를 이해하려면 외국어로 작성된 서류들을 이해하고 글로벌 가이드에 맞춰 직원들과 함께 행동해야 그 문화를 고스란히 느낄 수 있지 않을까?

라인 매니저, 직장동료들과 소통이 잘 돼야 업무 실적을 기대할 수 있다. 이때 회사의 양식Template은 영문이다. 양식을 이해하지 못하면 공유할 자료를 작성하는 데 시간이 걸린다. 소통의 기회는 줄어들고 결과물은 좋지 않다. 당연히 라인 매니저의 입장에서 만족스럽지 못할 것이다. 반복되면 팀 내 수평적이었던 분위기가 수직적으로 변할 수도 있다.

오래 전 국내에 설립된 외국계 기업 중에는 톱 매니지먼트Top Management와 라인 매니저를 제외하고는 외국어 사용 없이 국내 기업과 소비자를 대상으로 한 B2B, B2C 영업을 하는 고성과자가 많았다. 이 분들은 외국어 스펙 없이도 영업에 필요한 노하우와 스킬이 충분했다. 이런 경우가 아닌 이상 외국 기업과 영업 기회를 만들어내고 성과를 내기 위해서는 영어 실력이 절실하게 필요하다. 영어를 잘하면 회사는 여러분에게 기회를 찾아서 줄 수 있다. 나아가 메이저 글로벌 기업을 목표로 하고 있거나 탑 매니지먼트에 대한 목표가 있다면 영어 실력은 필수다.

Q. 근무할 때 영어를
얼마나 사용하나?

A. 영어와 한국어를 반반 사용해요.

김지윤 멘토, 미디어기업 D사

내부에서 사용하는 시스템뿐만 아니라 엑셀 같은 기본 프로그램도 영어로 설정되어 있어 '파일', '열기', '종료' 등의 메뉴도 모두 영어다. ERP 시스템도 마찬가지여서 휴가계를 올릴 때도 적용된다. 즉, 컴퓨터 전체 설정이 영어로 되어 있고 근무 중에 화면을 들여다보는 시간이 대부분이기 때문에 영어 사용 빈도가 높은 편이다.

타팀과 교신할 때도 영어를 사용한다. 외국계 기업은 여러 나라에 지사를 두고 있으며, 업무 프로세스가 통일되기를 바란다. 그래서 가이드라인이 정해지면 모든 나라에 동일하게 적용하라고 권한다. 왜냐하면 업무가 다양하게 처리될수록 본사는 관리가 어려워지기 때문이다. 한국은 보통 APAC로 묶여서 호주, 뉴질랜드, 싱가포르, 태국, 일본, 중국, 홍콩 등의 나라와 같이 움직인다. 그래서 일할 때 이 나라의 사람들과 소통할 일이 많은데 이때 당연히 영어를 사용하게 된다.

이 외에는 한국어를 사용한다. 외부 고객들과 만나 미팅하거나 메일 및 전화 교신할 때 해당된다. 외국계는 본사의 전략이 명확하고 이 부분을 외부 고객들이 이해하기가 어렵기 때문에 주기적으로 외부 고객들을 모아 한국어로 미팅을 진행하고 메일이나 전화 문의에 답신한다.

A. 직무에 따라 달라요.

이규현 멘토, 스포츠용품 제조기업 N사

영어 사용 빈도는 담당하는 직무에 따라 결정된다. 예를 들어 N사는 미국계 회사지만 만약 영업 파트에서 일한다면 영어를 사용하는 기회가 매우 제한적이다. 영업의 특성상 미국 본사로 장기 출장을 가지 않는 한 주로 국내에서 업무를 수행하므로 영어를 사용하는 빈도가 높지 않다. 하지만 본사에 보고하는 업무가 주된 업무라면 영어를 통해서만 진행된다. 그러나 직급이 올라갈수록 영어 구사 능력이 중요해진다. 따라서 장기적인 외국어 학습은 지속적으로 필요하다.

A. 회사, 직무에 따라 달라요.

문영웅 멘토, 제조기업 M사

일반적으로 영업 직군은 국내영업을 주로 담당하기 때문에 상대적으로 영어 사용 빈도가 낮다. 반면, 마케팅이나 연구소 등의 직군은 다른 나라 지사, 본사와 일을 많이 하기 때문에 영어를 많이 쓴다. 평균적인 영어 실력이면 입사하는 데는 무리가 없고, 입사하고 나서 부지런히 외국어 실력을 키우는 게 더 중요하다. 직급이 올라갈수록 본사, 아시아 본부와 연락할 일이 많아지고 의사결정을 위해 토론을 많이 하기 때문이다.

A. 보고 자료나 메일은 영어로 작성해요.

이승범 멘토, 전자&제조기업 S사

업무를 공유하는 인원이 대부분 외국에 거주하기 때문에 보고 자료나 메일 등이 영어로 작성되는 경우가 많다. 심지어 회사 내에서도 메일이 영어로 오가는 경우가 많고, 세계 각지에 있는 부서들 간에 협업 및 보고체계도 영어를 공용어로 사용하고 있다. 예를 들면 구매팀은 글로벌 구매 매니저Global purchasing Manager가 있어 한국 법인의 사장과 별도의 보고체계를 가지고 있다. 전 세계적으로 함께 구매할 품목들을 고려하고 나라별 시스템을 비교하여 장점이 되는 시스템을 도용해 함께 적용하자는 취지다.

A. 면접 볼 때 상사가 외국인인지 확인해요.

신주원 멘토, 부동산 컨설팅기업 C사 (전)아디다스

상사가 외국인이거나 팀 내에 외국인이 있다면 영어를 사용해야 하는 환경이라고 보면 된다. 이외에도 면접 단계에서 기업 내(주로 APAC에 소속된) 다른 나라의 직원과 면접이 포함되어 있거나, 한국에서 진행하는 면접전형 단계에 외국인이 들어온다면 업무 중 영어를 빈번하게 사용하는 직무라고 생각하면 된다.

A. 영어를 잘할수록 핵심 인력이 될 가능성이 커요.

최윤성 멘토, 아데코

해외와 관련된 부서에 배치되어 있든 아니든 모든 회사의 문서와 매뉴얼, 그룹웨어, 글로벌 프로그램과 그룹의 소식을 매일 보기 때문에 영어는 항상 사용한다고 생각해야 한다. 우리나라는 토익 점수를 중요하게 생각하지만 일부 국가와 외국계 기업 중에는 아이엘츠IELTS를 더 중요하게 생각하는 인사 담당자도 있다. 문법에 강한 사람보다 말하기, 듣기 능력을 더 인정한다. 어느 정도 이상의 기본 능력이 갖춰졌다면 커뮤니케이션 능력을 성장시키는 훈련을 해야 한다. 영어 사용에 불편함이 없다면 회사는 당신을 성장 동력으로 여길 것이다.

내 경험을 말하자면 2012년에 사내에 글로벌팀을 만들었다.

더 많은 기업이 한국 진출을 위해 인재를 필요로 할 것이므로 우리에겐 더 많은 기회가 다가올 것이라는 확신이 있었기 때문이다. 이때 2년 연속 저성과자로 평가받았던 직원인데, 영어를 잘한다는 이유로 글로벌팀으로 이동시켰다. 이후 그 직원은 몇 년 전에 잡포털 사이트 사람인에서 조사한 외국계기업 TOP5 중에서 2개 업체와의 비즈니스를 담당했다(참고로 Top5는 구글코리아, 스타벅스코리아, BMW코리아, 애플코리아, 한국코카콜라다).

현재 글로벌팀의 거래처 중 60%는 국내 담당자이지만 영어 사용이 빈번하고, 40%는 해외에 있는 담당자여서 매일 영어로 이메일과 컨퍼런스콜을 하고 있다. 직원 모두가 해외에서 오랫동안 거주한 경험이 없다. 하지만 영어를 사용한 업무를 잘 소화하고 있다. 글로벌팀은 매년 회사에서 가장 뛰어난 실적을 기록하고 있다. 외국계 기업은 부서 이동이 잦으므로 여러분의 영어 실력을 보여 줘야 하는 기회가 언제든 찾아온다.

A. 영어로 의사소통하는 데 어려움이 없을 정도면 돼요.

원재은 멘토, 맥주 제조기업 A사

대표님을 포함해 임원 절반이 외국인이기 때문에 보고할 때 영어를 사용할 수밖에 없다. 따라서 영어로 의사소통하고 업무하는 데에 어려움이 있으면 안 된다. 그러나 영어 실력이 원어민 수준이 아니어도 상관없다. 다소 부족하더라도 영어로 근무하는 환경에서 스트레스받지 않고, 그 상황을 즐기고 성장한다는 마음가짐으로 임하는 태도가 중요하다고 생각한다. 그러다 보면 자연스럽게 영어도 잘하게 되고 자신감도 갖게 된다.

Q. 외국계 기업이 우대하는 전공은?

A. 전공에 제한이 없어요.

김수진 멘토, (전)한독, 피자헛, 맥쿼리증권, 스탠다드차타드은행

흔히 경영학과가 좋다고 말한다. 경영학은 회사 경영을 위한 마케팅, 인사, 회계, 물류 등에 대해 전반적으로 배우는 학문이니 입사 초기에 조직에서 잘 적응할 수 있다는 장점이 있다. 그러나 산업과 직무에 따라 필요한 전공이 엄연히 다르다. 자신이 전공학과에서 뛰어난 장점과 실력을 갖고 있고 이를 활용해 회사에 공헌할 자신이 있다면 경쟁력이 있다.

어문계열의 경우 대부분 인문학적 소양을 갖출 수 있는 학문이니 글쓰기에 강점이 있을 것이다. 그렇다면 마케팅, 홍보, 인사 직무에 도움이 될 수 있다. 외국계 기업은 일반적으로 전공에 제한을 두지 않는다. 채용 공고에 우대 전공이 있더라도, 지원자가 해당 전공이 아니더라도 얼마든지 도전할 수 있다. 실력과 잠재성, 열정이 더 중요하다.

A. 인문계는 전공보다 경험이 중요해요.

이규현 멘토, 스포츠용품 제조기업 N사

이공계는 전문 분야를 전공하고 해당 분야로 직무를 선택하는 경우 매우 높은 경쟁력을 가질 수 있다. 하지만 인문계는 전공과 직무의 연계성이 그다지 높지 않기 때문에 전공이 특별히 중요하지 않다. 경영학과를 전공한 이가 영업이나 마케팅 분야에서 비전공자에 비해 압도적인 경쟁력을 갖췄다고 평가할 수 없고, 영문학과를 졸업한 이가 해외영업에서 다른 전공자에 비해 우월한 경쟁력을 갖췄다고 볼 수 없다. 오히려 경험과 경력 부분에서의 스토리텔링이 취업의 성패를 가르는 요소가 될 수 있다. 해당 분야에서의 '경험'을 최우선에 놓고 취업을 준비하라 말하고 싶다.

Q. 서류, 면접전형에서 프리패스 하는 팁?

A. 직무 중심 70%, 침착함 30%

김지윤 멘토, 미디어기업 D사

JD에는 업무에 대한 자세한 내용이 적혀 있다. 직무, 하는 일, 필요한 역량이 적힌 자료를 바탕으로 자기소개서와 경력기술서를 작성하는 것이 좋다. 그 직무를 잘 해낼 수 있다는 점을 어필하고, 비슷한 일을 이미 해봤음을 강조한다. 그리고 필요한 역량을 이미 가지고 있다는 방식으로 이야기를 풀어나간다.

면접전형에서도 직무에 대한 질문이 많다. 내 경험을 예로 들자면 특정 상황을 주고 영어로 보고해보라고 했다. 인사팀 면접이다 보니 실무와 직접적인 관련이 있는 상황보다는 회사에서 발생하는 일반적인 상황이 주어졌다.

가령 일을 하면서 가장 어려웠던 점은 무엇이고, 그것을 어떻게 처리했는지에 대해서 물었다. 유관 부서에서 유독 비협조적인 분과 있었던 에피소드를 풀었다. 그분과 작업할 때는 사전에 확인할 수 있는 것들은 미리 확인하고 필요 자료를 모두 출력해서 준비해갔다. 그렇게 했더니 후속 확인 없이 업무를 매끄럽게 진행할 수 있었고, 그 분이 나에 대한 신용이 높아져 내 일에는 협조적으로 바뀌었고 지금은 사적으로도 연락하는 사이라고 했다.

최종 합격이 되고 담당 이사님이 나를 채용한 이유를 말씀하셨다. 직무를 잘 수행할 것 같았고 무엇보다도 어떤 질문에도 '침착'하게 대답해서라고 했다. 보통 상사가 질문을 하고 구직자들은 답변을 한다. 이때 이해를 못 하거나 횡성수설하는 모습을 보이면 업무할 때도 같을 거라고 생각하게 된다. 면접장이 곧 예비 업무장이라고 생각하고 면접에 들어가자.

A. 핵심역량은 1, 2개만 강조해요.

조윤성 멘토, (전)IBM

지원하고자 하는 직무를 수행할 자질이 있는지 먼저 고민해보자. 영업직은 4가지를 꼽는데, 적극성, 책임감, 커뮤니케이션 능력 그리고 회복탄력성이다. 이 중 가장 중요하다고 생각하는 것은 회복탄력성이다. 일희일비하지 않고 항상성을 유지하는 것으로, '강한 멘탈을 지닌 사람'이라고 볼 수 있다.

자기소개서에서는 1, 2개의 직무 핵심역량을 강조하는 것이 좋다. 너무 많이 어필하려다 보면 무슨 이야기를 하고 싶은 건지 회사 입장에서 판단하기 어려워진다. 면접에서는 자기소개서에서 어필한 핵심역량 이외에 1, 2가지를 추가로 준비하는 것이 좋다. 일단은 자기소개서에서 어필해둔 역량을 최대한 발휘할 수 있도록 준비하는 것이 가장 좋으며, 가장 중요한 것은 꾸밈이 없이 진짜 자기 자신의 모습을 보여야 한다는 점을 잊지 말자.

'영업사원은 이래야 한다더라.', '마케터는 이래야 한다더라.' 하는 말을 듣고 모범적인 모습을 애써 따라가려다 보면, 자기 자신의 모습을 보여주지 못하고 어색한 인상만 주게 된다. 따라서 자기소개서, 1차 면접, 최종면접까지 언행이 일치되는 사람이어야 면접관들에게 신뢰를 줄 수 있다. 그리고 그렇게 입사해야 지원자도 만족스러운 회사 생활을 할 수 있다.

A. 높은 자존감과 자신감, 회사에 대한 애정

김수진 멘토, (전)한독, 피자헛, 맥쿼리증권, 스탠다드차타드은행

면접관들은 해당 포지션에 꼭 맞는 인재를 뽑기 위해 최선을 다한다. 지원자를 잘 관찰하고 보이지 않는 이면을 파악해 우리 회사와 부서에서 함께 일하며 성과를 낼 수 있을지, 문화적으로 잘 맞을지, 인성적으로 잘 융화할 것인지 면밀히 파악한다.

지원자는 직무 수행 역량, 커뮤니케이션 역량, 잠재성이 직무와 연관됨을 강조해야 하며, 지원하는 직무와 회사에 대한 강한 애정이 표현될 때 면접에서 선택될 가능성이 높아진다. 밝고 긍정적으로 조직과 융화하고 도전적인 상황도 슬기롭게 대처해 지원한 회사에 공헌할 수 있다는 믿음을 주어야 하다. 높은 자존감과 자신감, 회사에 대한 애정은 후보자에게 좋은 점수를 주는 매우 중요한 요소다.

영어면접에서는 영어가 유창하지 않더라도 자신감이 중요하다. 면접관의 질문을 잘 듣고 또박또박 대답한다. 두괄식으로 짧게 답해도 된다. 영어능력이 중요한 직무라면 다른 조건이 맞아도 영어 실력 때문에 탈락할 가능성이 크다. 그러나 직무에 따라서 영어에 대한 두려움 없이 자기 의사표현을 자신감 있게 할 수 있다면 실력이 유창하지 않아도 합격하는 경우는 매우 많다.

A. 인사 담당자의 관점으로 자소서를 읽어봐요.

조세협 멘토, 뷰티기업 A사

자기소개서에서 가장 중요한 것은 '기획력'이다. 구직자는 대부분 자기소개서에 자신의 경험과 이력을 줄줄이 나열하기 위해 노력하는 것 같다. 하지만 경험과 이력은 이력서에 작성했다. 같은 내용을 중복해서 쓰기보다 자신이 가장 강조하고 싶은 부분을 인사 담당자의 관점에서 쉽게, 구직자의 역량이 자연스럽게 각인되도록 작성해보자. 그게 바로 기획력이다.

자기소개서를 쓸 때 헤드카피를 작성하는 데 50%의 시간을 투자하라. 면접에서 첫인상이 중요하듯 자소서에서도 첫 문장은 매우 중요하다. 어필하고 싶은 내용을 한 문장으로 잘 요약해 표현하는 것이야말로 기획력과 크리에이티브함을 나타낸다. 명확한 주제 없이 작성된 글은 읽고 싶지 않다.

학생들은 대부분 노트북으로 자소서를 작성하다 보니 첨삭할 때도 PC로 수정한다. 여러분의 관점으로 작성하지 말고 읽는 사람 관점으로 첨삭해야 한다. 작성한 글을 종이에 출력해 소리 내어 읽고 이를 녹음한 후 귀로 들으며 수정하기를 추천한다. 분명 모니터만 보고 수정했을 때보다 훨씬 좋은 글이 되어 있을 것이다.

나는 평소 말을 재치 있게 잘한다는 얘기를 무수히 들어왔기에 면접만큼은 자신이 있었다. 그러나 첫 면접에서 처참하게 실패했다. 면접관의 질문에 핵심 없이 대답하기도 했고, 잘 알지 못하는 질문을 받았을 때는 심장이 터질 것만 같았다. 심지어 면접관이 "조세협 씨는 금융보다는 약장수 쪽이 더 어울릴 것 같은데요."라고 했으니 어느 정도였는지 상상에 맡기겠다. 면접에 들어가기 전에 적어도 인재상과 직무 내용에 대해 알아보길 바란다.

한 가지 팁을 주자면 다른 면접자가 말할 때를 잘 활용하자.

경쟁자가 답변하고 있을 때 면접관에게 비치는 여러분의 모습은 어떠할지 생각해보라. 면접관은 과연 대답하고 있는 사람만 바라볼까? 다른 면접자가 말할 때도 경청하고 여유 있는 자세를 보여주는 사람을 자신감에 찬 매력적인 사람으로 볼 것이다.

A. 채용 공고에 서술된 언어를 가져다 써요.

최윤성 멘토, 아데코

원하는 기업에서 채용 공고가 올라왔다면 JD를 바탕으로 지금 또는 몇 년 후에 지원하기 위해서 그에 맞는 경험과 스킬을 쌓아야 한다. 인사 담당자는 JD의 업무 내용 중 70% 이상을 여러분이 경험했는지, 그와 관련된 실적이 있는지를 보고 판단할 것이다.

면접관은 면접을 보는 동안 여러분을 채용할 경우 발생하는 비용(인건비, 간접비, 세금, 복리후생비)과 기대할 수 있는 영업 이익이 어느 정도인지 계산한다. 급여를 주고도 더 많은 이익을 보장할 수 있다는 확신과 회사와 팀에 해를 끼칠 사람이 아니라는 점을 보여줘야 한다. JD에 서술된 업무에 대해서 같은 언어(용어)로 생각과 경험을 들려줘야 친근한 느낌을 줄 수 있다.

외국계 기업이 원하는 인재상은 '실행력'이다. 면접과 자소서에는 구체적인 사례를 들어 설명하는 것이 좋다. 이커머스E-Commerce 회사에서 직원을 채용하는데 마트에서 직접 판매한 경험만 얘기하는 것은 좋은 답변이 아니다. 온라인 마켓에서 물건을 판매한 경험이 있으며 이를 위해 어떻게 상품을 구매했고, 마케팅해서 판매가 이뤄진 후 고객에게 정확히 배송했는지, 그 후 물품에 대한 클레임이 발생했을 때 어떻게 처리했는지를 말할 수 있어야 한다. 더불어 지원하는 회사의 서비스를 향상시킬 수 있는 본인의 아이디어를 강조하면 더욱 좋다.

영어면접은 영업면접이라고 생각하면 좋다. 영업의 목적은 영리, 즉 이득이다. 면접은 이득을 취하기 위해 영업하는 행위다. 여기에서 이득은 취업으로 기대할 수 있는 급여, 보상, 사회보장(보험), 행복, 기쁨 등이다. 영어면접을 준비하면서 어떤 영어 단어를 사용할 것인지, 어떻게 하면 고급스러운 문장으로 나를 표현할 것인지 신경 쓰는데 이에 앞서 여러분이 어떠한 셀링 포인트Selling Point를 갖고 있는지를 먼저 고민해야 한다.

그러려면 어떠한 면접관과도 커뮤니케이션이 가능해야 한다. 여러분의 영어는 현업에서 사용하고 있는 단어와 같아야 한다. 앞에서 언급했듯 가장 좋은 예시는 JD에 나와 있으며 그 기업의 홈페이지와 기업 SNS에 잘 표현되어 있다. 바로 이 부분을 이해하고 여러분을 표현하면 된다.

뛰어난 이력을 갖고 있어도 태도와 인성은 빼놓을 수 없는 중요한 요소다. 어떻게 태도만 보고 인성을 평가할 수 있을까? 면접

장소에 들어오는 모습부터 나가는 모습까지 모두 보는 면접관이 있다. 예를 들어, 면접관이 전 직장의 퇴사 사유에 대해 집요하게 물어봤을 때 기분이 나쁘다고 면접 자세가 불량해지는 경우가 있었다. '기분이 태도가 되면 안 된다.'는 점을 명심하자.

Q. 꿈의 기업에 취업하는 현실적인 전략은?

A. 대학생 때부터 체계적으로 준비해요.

김관민 멘토, IT기업 G사

취업에는 단계가 있다. 국내 대기업은 공채를 통과하면 신입사원으로 커리어를 시작할 수 있다. 하지만 외국계 기업은 신입을 채용하더라도 실제로 채용되는 사람은 3년 이하의 경력이 있는 사람들이 채용되는 경우가 많다. 그렇기 때문에 인턴이나 사회 경험도 없이 외국계 기업에서 신입사원이 되겠다는 것은 조금 어려울 수 있다. 따라서 대학생 때부터 미리 준비하는 것이 좋다.

대학교 1학년에는 자신에게 가장 잘 맞는 직무를 탐구하고, 2학년에는 해당 직무에서 일하기 위해 필요한 역량을 확보한다. 3학년에는 본격적으로 해당 직무와 관련된 인턴 경험을 시작한다.

빠르면 빠를수록 좋다. 이 시기에는 직무경험이 많지 않기 때문에 회사의 인지도를 떠나서 역량을 강화할 수 있는 기회라면 꼭 잡아야 한다.

4학년에는 단기 인턴보다 장기 인턴 혹은 채용 전환형 인턴을 선별해서 공략해야 한다. 인사 담당자는 인턴 기간을 통해 경험을 어느 정도 했는지 가늠할 수 있다. 대략 3개월이면 반복되는 업무를 처리하고, 6개월이면 3개월보다는 주요한 프로젝트나 업무를 담당했지만 책임까지 져야 하는 중대한 일은 하지 않는다. 1년 이상 혹은 계약직인 경우 실제로 주요한 업무를 체계적으로 담당하며, 타팀과 협업하며 운영해본 경력이 생긴다.

외국계 기업은 성과 중심적이기 때문에 업무 강도가 높을 때도 있으며, 누군가 시켜서 하는 수동적 업무 태도를 가진 사람이 아니라 자신이 일을 찾아서 성과를 내는 사람을 선호한다. 따라서 스타트업에서 일해보기를 추천한다. 스타트업의 조직 구성을 보면 업무량에 비해 인력이 부족하다. 또한, 경력이 짧아도 중대한 업무를 담당하며 다양한 팀 혹은 기업과 필드에서 협업해보는 경험을 할 수 있다. 인사 담당자나 헤드헌터는 이 부분을 잘 이해하고 있기 때문에 스타트업에서 일하는 것은 강력한 경쟁력이 되기도 한다. 스타트업 기업 정보나 채용 정보는 '로켓펀치'라는 플랫폼에서 자세하게 다루고 있으니 참고한다.

A. 계약직부터 차근차근 시작해요.

김지윤 멘토, 미디어기업 D사

외국계 기업은 최소 사원 말에서 대리 초의 4년 이상의 경력자를 선호한다. 그렇기 때문에 인턴 또는 계약직 업무를 하다가 타 국내 기업에서 정규직으로 일한 후 경력자가 되어 외국계 기업에 TO가 났을 때 지원하는 방법이 있다. 처음부터 정규직으로 입사하면 좋겠지만 신입사원 사이에서 경쟁력 확보하는 방법은 인턴과 계약직 기회밖에 없다.

여러 가지 옵션이 있다면 작은 회사보다 큰 회사에서 일할 것을 추천한다. 기업 입장에서는 규모가 큰 회사에서 간접경험을 해본 사람이 회사 업무에 적응을 더 잘할 것이라고 생각하기 때문이다. 특히 외국계 기업은 안정적인 시스템을 구축하고 있기 때문에 작은 회사 인턴보다는 외국계 계약직에 도전해보는 것이 더 좋다.

A. 직장에서 성과를 내고 평판을 쌓아요.

이승범 멘토, 전자&제조기업 S사

이직하기 위해 자격증을 준비하는 직장인이 많다. 물론 회사 업무에 충실하며 근무 외 시간에 자기계발 한다면 가장 좋다. 하지만 자격증을 따기 위해 본업에 소홀해진다면 실수다. 회사 업무는 정신없이 바쁜 날도 있고, 새로운 일을 해야 하는 경우도 부지기수다. 필요에 따라 잔업이나 야근을 하거나, 퇴근하고 나머지 공부를 하기도 한다. 이럴 때 눈물을 쏟아가며 새로운 일에 집중했던 경험이 쌓여 성과가 난다. 하지만 자격증을 따는 게 우선이 되면 깊고 새로운 경험보단 현재 업무에만 충실해질 수밖에 없다. 이직하려면 성과 관리도 철저하게 해야 한다.

또한 이직하기 위해 평판 관리도 해야 한다. 외국계 기업은 경력직을 뽑을 때 이전 회사에 전화해보기도 하고, 지원자를 아는 사람을 찾아 물어보기도 한다. 네트워크가 잘 형성되어 있어 지원자의 평판을 조회할 방법은 많다. 본업에 충실하지 않다면 그 사람에 대한 평판이 좋을 리가 없고, 이 때문에 탈락하는 경우도 많이 봤다.

A. 잡 페어나 취업 상담을 이용해요.

최윤성 멘토, 아데코

영업을 배우고 싶다면 영업의 고수들이 많은 회사에 가야 한다. 회사의 크기는 두 번째 고려 대상이다. 중소기업에 근무하면서 현장 경험이 많은 분들과 함께 일하면 짧은 시간에 많은 것을 배울 수 있다. 외국계 기업의 취업을 목표로 한다면 그 일을 할 수 있는 스킬과 노하우를 얻는 것이 가장 중요한 과제가 되어야 한다.

외국계 기업이 공채를 잘 하지 않는다는 사실은 다 알고 있다.

하지만 공채와 같은 성격을 지닌 행사가 있다. 바로 외국인투자기업 잡 페어Job Fair다. 매년 상하반기 코트라에서 진행하는 외국인투자기업 채용박람회와 외국인투자기업 취업상담회는 외국계 기업이 적극적으로 참가해 취준생들에게 정보를 제공하고, 면접을 봐서 실제 채용을 하는 대표적인 취업 채널이 되었다.

인사 담당자와 단 1분이라도 시간을 보내고 모의 면접에 참가할 수 있다면 정말 좋은 기회다. 영어로 커뮤니케이션이 가능하다면 토익 점수 5점, 10점을 올리기 위해 도서관으로 향하지 말고, 그 영어 실력을 사용할 수 있고 재능을 보여줄 수 있는 사회로 나가 경력을 쌓고 성과를 만들어 인사 담당자와 만나는 것이 좋다. 2020년 4월에는 삼성동 코엑스에서 제15회 외국인투자기업 채용박람회가 열렸다. 글로벌 기업이 대거 참석하므로 언제 열리는지 미리 알아두었다가 참석하는 것이 좋다.

Q. 이런 자격증 아니면
굳이 따지 말라고?

A. 전문 자격증 아니라면 굳이 시간 낭비하지 말아요.

이규현 멘토, 스포츠용품 제조기업 N사

인문계를 전공한 사람이라면 자격증에 대한 접근은 크게 2가지로 볼 수 있다. 우선 서류전형 통과를 위한 자격증이다. 인문계 출신인데 자격증을 가지고 취업 시장에서 메리트를 가지려면 희소성을 가진 자격증이 좋다. 한자능력검정시험, 컴퓨터활용능력, MOS, 유통관리사자격증 등은 크게 도움을 주지는 못한다(공공기관이나 공기업에서 공식적으로 가산점을 주는 경우 제외).

변호사, 회계사 자격처럼 많은 노력과 시간이 필요하고 전문성이 곁들여지는 자격증이 아니라면 비교적 취득하기 쉬운 자격증은 그만큼의 경쟁력을 갖추지 못한다. 그렇기 때문에 자격증을 따는 데 과도하게 시간을 많이 투자하는 것에 대해서는 한 번 생각해볼 필요가 있다.

A. ERP자격증, 엑셀 관련 자격증을 추천해요.

이승범 멘토, 전자&제조기업 S사

구매 직무에 도움이 되는 자격증으로 국제무역사 혹은 무역영어자격증이 유용하지 않은가 하는 질문을 많이 받는데 실제로 자격증은 많이 중요하지 않다. 굳이 자격증이 필요하다면 글로벌 기업에서 많이 쓰는 ERP자격증(SAP, Oracle)이나 엑셀과 관련된 자격이 도움이 될 것 같다. ERP나 엑셀은 업무를 위해 필요한 능력이기 때문이다.

A. 엑셀, 파워포인트 관련 자격증을 추천해요.

김수진 멘토, (전)한독, 피자헛, 맥쿼리증권, 스탠다드차타드은행

나는 직원을 뽑을 때 자격증을 별로 보지 않는다. 다만, 엑셀이나 파워포인트를 사용할 수 있는 능력을 갖추고 있는지를 중요하게 생각한다. 외국계 기업에서는 대부분 마이크로소프트 오피스MS Office를 사용한다.

직무에 따라 필요한 자격증을 요구하는 경우는 있다. 재무회계의 경우 공인회계사 자격증CPA, 미국공인회계사 자격증AICPA이 있으면 좋겠지만 취득이 매우 어려우므로, 비교적 쉽게 취득할 수 있는 전산회계, 재경관리 등의 자격증이 업무에 도움이 될 수 있다. 고난도 자격증을 따겠다고 시간을 지나치게 투자하는 경우가 있다. 아무런 경험을 갖추지 못하고 시간만 보내다 취업 경쟁력을 잃지 않기를 바란다.

Q. 인턴, 계약직이 정직원으로 전환되는지?

A. 평가와 타이밍이 좋아야 해요.

문영웅 멘토, 제조기업 M사

외국계 기업의 인력 운용은 매우 유동적이다. 미국 기업은 주로 분기별 실적에 따라 인력을 탄력적으로 운용하기 때문에, 수시 채용이 언제 어디서 생길지 예상하기가 힘들다. 인턴은 주로 대학생 4학년이나 MBA 재학생을 대상으로 운용하고, 계약직은 보통 육아휴직, 출산휴가를 대체하기 위해서, 아니면 단기간에 탄력적으로 인력을 운용하기 위해 뽑는 경우가 많다.

우리 회사에서 일하던 대학생 인턴이 인턴 기간 3개월이 끝날 때쯤 정규직 공고가 났다. 그는 여기에 최종 합격해서 대학교를 졸업한 후 정직원으로 입사했다. 어떤 직원은 계약직으로 들어와서

2년 일하고, 다른 부서에서 신입사원 공고가 나서 정직원으로 합격했다. 반면 일을 잘하는 계약직 사원이 있었는데, 계약 만료 시 신입사원 공고가 나지 않아서 정직원으로 전환되지 못한 사례가 있었다. 결국 인턴에서 정직원으로, 계약직에서 정직원으로 전환은 가능하다. 단, 여기에는 2가지 중요한 부분이 있다.

첫째는 평가가 좋아야 한다. 짧게는 3개월, 길게는 2년 정도를 같이 일하며 일을 얼마나 잘하고 조직 생활을 잘하는지 사내 평가가 좋아야 기회가 부여된다. 둘째는 타이밍이다. 외국계 기업 채용은 늘 유동적이기 때문에 계약 만료 시점과 신입사원 공고가 맞지 않으면 전환이 어렵다. 하지만 근무 기간에 평가가 좋았다면, 추후에 공고가 났을 때 따로 연락해서 면접 기회를 주는 경우도 있다. 또는 한 회사에 계약직으로 취직했다가 이 경험이 도움이 되어 다른 회사에 정직원으로 채용되기도 한다. 외국계 특성상 경력을 선호하므로 비슷한 업무를 경험한 사람은 우대받는다.

A. 인턴은 정직원이 될 가능성이 매우 높아요.

이승범 멘토, 전자&제조기업 S사

우리 회사에 신입사원으로 입사한 사람들은 대부분 회사에서 인턴을 했던 사람들이다. 좋은 평가를 받은 사람은 인턴이 끝난 이후에도 인턴할 때 함께했던 상사의 추천으로 입사하는 경우가 많다. 또한, 회사에서 사용하는 용어에 익숙해졌으며 직원들과 인맥이 형성되어 있기 때문에 회사 적응에도 문제가 없고, 바로 업무에 투입될 수 있다는 장점이 있다.

A. 정직원으로 전환이 잘 돼요.

이규현 멘토, 스포츠용품 제조기업 N사

우리 회사는 계약직으로 일하다 정규직으로 전환시키는 경우가 꽤 있다. 계약직 직원들이 정규직 채용에 지원해도 외부에 오픈되는 공고와 동일하게 이력서, 커버레터를 제출한다. 다만, 다음과 같은 장점이 있다. 우선 자사의 내부 시스템에 익숙하기 때문에 내부에서 계약직으로 일했던 직원은 정규직으로 전환되었을 때 별도의 교육 없이 즉각적으로 업무에 투입될 수 있다.

두 번째 장점은 회사 내부에 인적 네트워크가 형성되어 있다. 다른 회사의 지원자는 가지지 못할 네트워크를 가지고 있다는 점 역시 유리하다. 대다수 외국계 기업의 계약직은 단순 아르바이트가 아니라 정규직과 같은 일을 한다. 계약직의 특성상 정규직에 비해 상대적으로 아쉬운 경우도 있을 것이다. 하지만 최근의 고용 시장은 경력이 있는 신입사원을 원하는 추세이므로 계약직을 통해 경력을 쌓는 한편 혹시 있을지 모를 정규직 전환에 대한 기회를 보고 도전한다면 괜찮은 방법이다.

A. 계약직, 인턴으로 들어가 업무 능력을 보여줘요.

최윤성 멘토, 아데코

아르바이트에서 정규직으로 전환되는 경우도 있다. 팀 내에는 일반 사무직원을 보조하여 문서 정리 및 수발, 워드프로세싱, 자료 집계, 자료 복사 등의 일을 수행할 사람이 필요하다. 단순해 보이는 업무도 맡아서 해줄 사람이 있는 것과 없는 것의 차이는 꽤 크다. 일을 잘하는 직원은 영업 회의가 시작되기 전에 데이터를 수집, 자료화하고 분석 결과를 함께 제공하기도 한다. 이런 직원이 1, 2년을 함께 일할 경우 매니저는 팀의 생산성과 직원 간의 업무 분류에 따른 효율성을 고려해보게 된다. 하지만 일을 잘한다고 모두 채용할 수는 없다.

기업의 인력 관리는 상당히 엄격하다. 전년도 하반기에 내년도 예산 작업을 하면서 1년간 인력의 규모를 정한다. 매출, 영업 이익, 수익률 등이 성과 목표를 초과 달성할 것이라고 판단될 때 매니저가 인사팀에 인력 증원을 신청한다. 매니저는 채용을 고려하는 순간부터 어떤 능력으로 얼마큼의 수익을 창출할 수 있는가를 기준으로 후보자의 이력서와 면접을 살피게 된다. 이러한 배경이 있기 때문에 신입 채용을 망설이게 되며, 업무 능력에 대한 확신을 갖지 못하면 정규직으로 전환될 수 없는 것이다. 반대로 그 확신을 주는 사람을 전환시키기 위해 CEO, CFO, 인사팀을 설득해 인력을 확보하기 위해 노력한다.

2018년도 외국계 기업과 국내 기업 사무직에 근무했던 파견 근로자 분들의 퇴사 사유는 다음과 같다. 외국계 기업의 경우 계약 만료(64.5%), 개인 사유(21.7%), 계약 기간 중 정규직 전환(8.9%), 계약 기간 중 계약직 전환(1%) 순으로 파악된다. 계약이 만료된 후에도 계약직 전환(8.2%), 정규직 전환(2.6%)이 있었다. 국내 기업은 조사 인원이 외국계 기업의 20%에 불과하지만, 계약 만료(50%), 개인 사유(30.6%), 계약 기간 중 정규직 전환(12.9%), 계약 기간 중 계약직 전환(0%) 순으로 파악된다.

외국계 기업에 비해서 정규직 전환 비율이 높아 보이지만 실제 전환된 인원 수는 외국계 기업이 4배 정도 많다. 또한 외국계 기업에 비해 계약 만료 시점까지 근무하는 인원의 비율이 적으며 개인 사유로 인한 퇴사가 많다. 현직자들이 외국계 기업의 계약직, 인턴 등으로 들어가 자신의 능력을 보여줄 수 있는 계기를 만들라고 말하는 이유가 여기에 있다.

Q. 외국계 기업에서 이직할 때 장단점은?

A. 경쟁력은 키울 수 있지만 핸디캡도 있어요.

김수진 멘토, (전)한독, 피자헛, 맥쿼리증권, 스탠다드차타드은행

이직을 통해 커리어를 개발할 수 있고, 직무 및 산업에 대한 다양한 경험을 할 수 있다. 또 실력을 키워야 하니 경쟁력이 높아지는 것이 장점이다. 단점은 잦은 이직으로 근속 기간이 짧아지면, 장기적으로 커리어에 핸디캡이 되어 관리자로 선택될 가능성이 낮아질 수 있다. 실력이 없거나, 조직 내 갈등과 험난한 상황에 대한 문제해결력이 낮고, 리더십이 부족한 사람으로 보일 수 있다.

A. 너무 잦은 이직은 외면당할 수 있어요.

외국계 기업에 다니고 있는 경력자가 이직을 한다면 그 이유는 3가지로 요약할 수 있다. 첫째 나의 가치를 더 인정하는 기업을 찾거나, 둘째 몸담고 있는 기업의 비전이 자신과 맞지 않거나, 셋째 실적이 좋지 않기 때문이다. 목표를 달성했거나 초과했을 때 그 가치를 연봉으로 인정해주고, 내가 계속해서 함께 일할 만한 비전을 공유하는 회사라면 이직할 필요가 없다.

신입사원은 3개월 수습 기간이 지난 후부터 매니저의 칭찬은 잊어야 한다. 오직 실적으로 평가받고 인정받아야 한다. 학교 동아리나 학부 수업처럼 여러 명이 함께 결과물을 만드는 건 회사도 마찬가지다. 회사의 목표, 팀의 목표를 부여받고 팀 전체가 하나 된 마음으로 1년 내내 하나의 프로젝트만 운영하여 결과물을 만들 수는 없다. 개개인에게 부여된 목표를 달성하기 위해 성과로 잘 보여주고 있는지가 중요하다. 성과가 낮다면 연봉 인상과 인센티브는 꿈도 꾸지 말아야 한다.

성과 위주의 삶은 치열하고, 팀에 여유 있는 백업 인원이 없기에 언제 어디서든 사내 네트워크에 접속해 노트북을 들고 휴가를 가야 할 확률이 높다. 회사에 다니지만 개인 사업자처럼 기획부터 채용, 운영, 결과 보고, 청구, 대금 입금까지 모든 프로세스를 주관해야 한다. 앞선 3가지 요인으로 이직을 생각한다면 여러분 자신을

262   PART 3—

면밀히 평가하고 결정하는 게 현명하다. 너무 잦은 이직이 기록된 이력서는 30초의 평가 시간도 할애받지 못한다는 점을 잊지 말자.

A. 입사하고 1년 뒤가 좋은 타이밍이에요.

이승범 멘토, 전자&제조기업 S사

이직에는 장점이 많기에 단점을 중점적으로 설명하겠다. 회사 생활에서 사용하는 능력을 100이라고 가정한다면 그중 30이 고유의 능력이라 생각한다. 나머지 70은 지금까지 쌓아온 동료들과의 신뢰, 인맥, 그리고 그 회사에서 쓰는 용어, 회사의 역사에 대한 정보 등이다. 이직하면 고유의 능력에서 시작해 나머지 70의 능력을 채워나가야 하는데, 시간과 노력이 어마어마하게 필요하다. 따라서 직급과 나이가 높을수록 이직은 점점 위험해진다. 또한 이직을 많이 한 사람은 또 이직할 것이라는 편견을 얻게 된다. 이직은 양날의 검이므로 신중하게 생각해서 원하는 일이나 더 나은 회사라는 확신이 있을 때만 하길 추천한다. 월급을 조금 더 준다고 이직하는 것은 득보다 실이 더 크다.

신입사원들에게 유효한 좋은 이직 타이밍이 있다. 한 회사에서 1년간 정직원으로 근무한 후, 다른 회사의 신입사원으로 이직하는 것이다. 입사 후 1년이라는 시간에는 많은 의미가 있다. 신입사원을 채용해 많은 교육과 비용을 투입했지만 1년을 버티지 못하고 나가는 사례가 많아 회사는 많은 손실을 보곤 한다. 이 때문에 한 회사에서 1년을 다녔다고 하는 것은 회사에서 주는 압박과 교육을 잘 수료했다는 증거이므로, 1년이 지난 직후에 더 나은 회사에 신입사원으로 들어가는 사례를 많이 봤다.

나도 번듯한 데 취직했다!

테슬라

저는 CP Team 1기이자 창립멤버였던 이**입니다. 현재 저는 테슬라코리아에서 5개월의 인턴을 거치고 정직원으로 전환되어 제품 전문가Product Specialist로 일하고 있습니다.

기나긴 취업 준비 과정을 거쳤던 저는 취준생들의 마음을 너무나도 잘 알기에 옆집 언니처럼 저의 합격수기를 여러분과 공유해보려고 합니다. 그에 앞서 먼저 하고 싶은 말이 있어요. "취업은 이렇게 준비해야 잘된다." 이런 정답은 없어요. 제가 취업이 된 것만 봐도 그렇거든요. '이런 마음으로 취업 준비를 하는 것이 좋겠다.'고 조언드리는 게 제 글의 목표입니다. 스펙이 많이 중요하다

고 생각하지는 않지만, 그래도 여러분들이 가장 궁금해 할 것 같은
저의 스펙을 간단하게 공유하겠습니다.

나이 26세(11학번)

학교 및 전공 인천대 동북아국제통상학부 러시아통상학과

언어 영어(토익 900점 초반), 러시아어(토플 2단계), 중국어(HSK 4급)

경력 러시아어, 영어 통역 알바 다수(현대자동차, 인천장애인아시안
게임, 코트라 무역박람회, 위워크wework, 코카콜라 등등), 과외, 레
스토랑 서빙, 전단지 돌리기 행사 등, 한국어학당 봉사활
동 1년, 외국인 교환학생 도우미 봉사활동 1년, 국제개발
협력 NGO 인턴 3개월

자격증 운전면허, 한국사능력검정시험 1급

특이사항 교환학생 4번, 20개국 여행

교환학생은 러시아, 스페인, 중국으로 다녀왔는데 다행히도
저는 운이 좋게 다 장학금으로 갔습니다. 스펙만 보면 치열하게 살
아온 것처럼 보일 테지만 하고 싶은 것들을 하며 살았고, 저는 '스
펙'을 위해서가 아니라 순간순간의 '행복'을 위해서 살았습니다.
돌이켜보니까 그런 것들이 다 저의 스펙이 되었더군요. 참고로 저
는 대학에 들어가기 전까지 해외에 한 번도 나가보지 못했고 영어
를 한마디도 못했습니다.

지금은 어설프지만 4개 국어를 할 줄 알게 되었습니다. 대학생들이 외국인 친구들이랑 맥주 마시며 노는 게 그렇게 멋있어 보였습니다. 배낭여행도 가고 싶고 재밌는 알바도 해보고 싶고 연애도 해보고 싶어서 열심히 놀되, 글로벌하게 놀아야지 결심했습니다. 기회만 있으면 해외에 나가려고 했고, 해외에 나가려면 돈을 벌어야 하니까 알바를 했고, 알바를 할 거면 또 외국어를 쓰는 걸 했고, 하다 보니 글로벌 경험들을 하게 되었어요. 외국 친구들이 한국 친구들보다 더 편안하게 느껴질 때 외국어 실력은 늘었고요.

취업할 때 되니까 슬슬 걱정됐습니다. 뭘 해야 할지, 내가 뭘 잘하는지 모르겠고 남들이 다 가는 대기업에 나도 가야 할 것 같고, 그냥 공무원을 준비해볼까 고민하다가 '묻지마 지원'을 했습니다. 제 적성이나 산업 같은 것은 생각 안 하고 공고 뜨는 기업들은 웬만하면 다 지원했어요. 밤새가면서 자소서를 쓰고 인적성을 공부하고 결과는 광탈이었습니다. 서류에 겨우 붙으면 인적성 검사에서 떨어지고, 인적성 검사에서 합격하면 면접에서 떨어지고 멘탈마저 털렸죠. '나는 쓸모없는 인간인가?' 이런 생각도 했습니다.

지금 생각해보면 떨어지는 게 너무나도 당연했습니다. 방향성 없이 '치열하게' 노력하는 것은 의미가 없기 때문이에요. 고등학교 때도 정말 치열하게 살았잖아요. 왜 공부해야 하는지 몰랐고, 그냥 남들이 대학에 가야 한다니까 야간 자율학습을 하고 학원 가며 열심히 공부했잖아요. 그렇게 치열하게 공부하고 나서 대학에 왔더니 나의 길이 무엇인지, 내가 누군지, 뭘 좋아하는지 알 수 있었나요? 저는 전혀 모르겠더라고요.

입시도 취업도 다 마찬가지로 나에 대한 진지한 고민 없이 남들이 해야 한다니까 치열하게 준비하는 건 밑 빠진 독에 물 붓기나 다름없다는 걸 그때 깨달았어요. 말 그대로 삽질이에요. 그런 큰 깨달음을 얻고 나서야 취업 준비를 깔끔하게 포기할 수 있었습니다. 취업 준비를 포기하고 나서 다시 저로 돌아오기로 결심했습니다. 하고 싶은 것을 하면서 나는 어떤 사람인지 좀 더 진지하게 고민해보기로 했어요. 그때 CP Team을 만났습니다.

그곳엔 저와 같은 생각을 가지고 있는 사람들이 많았습니다. CP Team 활동을 하면서 다양한 사람들을 만나고 멘토님들과 친해지면서 가장 크게 깨달았던 점이 있는데요, "대단해 보이는 멘토님들도 알고 보면 우리랑 비슷한 사람이다."였습니다.

이 깨달음은 저한테 정말 중요한 인사이트를 주었어요. 멘토님들이 강연하실 때는 너무 위대해 보이지만 막상 친해지면 동네 오빠, 언니 같은 느낌이었습니다. 엄청 특별하거나 남다른 사람 같지 않아요. 다른 점이 있다면 '자기 이해'와 '실행력'이었습니다. 저마다 빛나는 부분이 있고, 그 빛나는 부분을 정확하게 알고 좀 더 빛나게 할 수 있는 곳을 찾는 것, 그것이 취업의 핵심이라는 생각을 가지고 그 누구보다 잘 실행하고 있었습니다. 저도 제가 빛날 수 있는 곳에 대해 고민했습니다.

1. 앉아서 일하는 직무보다는 다양한 사람들을 만나는 일이 내게 맞다.
2. 외국어를 많이 쓰고 외국인을 접할 수 있는 기회가 많은 곳에 가고 싶다.
3. 4차 산업혁명에 관심이 많으니 관련된 산업에서 일하겠다.

IT, 신재생에너지 등등 4차 산업혁명 관련 외국계 기업이 저에게 어울릴 것 같다고 생각했습니다. 구글, 테슬라, 애플 등 말만 들어도 핫한 기업들에 가고 싶었지만, 그냥 꿈이라고 생각했어요. 제가 이런 기업들에 들어갈 수 있을 거라고는 생각하지 않았고 팬심으로 좋아했어요. 테슬라 뉴스를 찾아보고 일론 머스크의 강의를 듣고 말이죠.

우연히도 CP Team의 전 리더이자 아데코코리아에 다니던 분이 테슬라 취업 공고를 알려주셨어요. 당시 테슬라가 한국에 막 런칭할 때라 모든 것이 조심스럽고도 조용하게 이뤄졌습니다. 저는 평소에 너무나도 좋아했던 기업이었기 때문에 자소서를 써서 바로 지원했습니다. 이때 자소서는 정말 술술 써지더군요. 정말 가고 싶은 기업이었기 때문에 밤새면서도 즐거웠습니다.

붙고 싶다는 작은 희망을 가졌을 뿐인데, 그렇게 자소서 통과를 하고 면접을 보고 정말 눈 깜짝할 사이에 저는 취직이 되었습니다. 그것도 제가 정말 좋아하던 기업에 말이죠. 나중에 인사 담당자님께 쟁쟁한 후보들 말고 왜 저를 뽑았냐고 물어봤더니 답해주었습니다.

1. 글로벌한 경험을 많이 해본 것이 인상 깊었다.
2. 테슬라를 정말 좋아하는 게 느껴졌다.
3. 밝아 보였다.

취업이 되고 나서 '그동안 내가 해온 것들에 다 이유가 있었구나.'라는 생각이 들었습니다. 고故 스티브 잡스가 2005년 스탠퍼드 대학 강연에서 꺼낸 "Connecting the dots(점들을 연결하라)."가 무슨 말인지 그제야 알 것 같았습니다. 과거의 모든 경험이 점처럼 모여 하나의 선을 이루는 것. 운도 크게 작용했지만, 순간순간 마음을 따라 움직였던 것들이 다 연결되더라고요.

하고 싶은 걸 하세요. 정말 뻔한 말처럼 들릴 수 있는데 진심입니다. 우리가 빛날 수 있는 곳은 분명 어디엔가 있습니다. 내가 누군지 알려고 하고 내가 지금 행복할 수 있는 걸 하세요. 그럼 그곳에 도착해 있을 거라고 믿습니다. "나도 할 수 있다."는 믿음만 가지고 있으면 좋겠습니다.

지멘스

저는 13기 행사기획팀에서 활동했던 박**입니다. 문과생인 제가 4차 산업혁명의 주축인 소프트웨어 회사 지멘스에 들어갈 수 있었던 과정들을 공유하려 합니다.

지멘스에서 면접을 볼 때 어필했던 부분이 입사에 결정적인 이유였던 것 같습니다. 1차 상무님 면접, 2차 사장님 면접에서 어필했던 부분이 2가지인데요. 첫 번째는 소프트웨어 회사에 대한 준비된 태도입니다. 면접을 보러가기 전에 회사 홈페이지에 나와 있는 회사 비전, 소프트웨어 솔루션 종류들을 필기해가며 달달 외웠습니다. 실제로 사장님께서 우리 회사의 주요 프로그램에 대해서 언급한 점이 좋았다고 말씀하셨습니다. 또한 다른 소프트웨어 회사 동향을 기사를 통해 파악해 갔어요.

현재 직접적인 경쟁사는 아니지만 훗날 우리 회사의 잠재 경쟁사가 될 수도 있을 거라는 나름의 인사이트를 내비쳤습니다. 타회사가 그런 동향을 가지고 있었다는 것은 사장님도 모르셨다면서 그런 걸 언제 다 알아봤냐고 물으시더라고요. 또한 제가 생각하는 소프트웨어 산업의 성장 가능성에 매력을 느낀다고 말씀드렸고, 빠르게 변화하는 소프트웨어 산업과 저의 성향이 잘 맞을 거라는 것을 저의 경험과 함께 어필했습니다.

두 번째는 면접에서 집요하게 저의 장점을 셀링했습니다. "이 일이 하고 싶은가요?"라는 질문에 "네, 하고 싶습니다."에서 그치는 것이 아니라 "정말 하고 싶고, 시켜주시면 잘 해낼 자신이 있습니다."라고 덧붙이며 당당하게 말했습니다. 그런데 웃으시면서 "네, 알겠습니다."라고만 말씀하시길래 제가 "혹시 이유는 안 물어보시나요?"라고 물었습니다. 제가 준비한 장점들을 어필하고 싶었거든요. 제가 이렇게 말씀드리니 엄청 웃으시면서 한번 말해보라고 하셨고, 이 일에 제가 적합한 이유를 구체적인 경험 2가지로 어필했습니다.

결론은 회사에 대한 열정과 직무에 대한 높은 이해도를 좋게 보신 것 같습니다. IT 업계지만 문과생도 지원할 수 있는 부서가 존재합니다. 이런 부서의 존재 유무는 검색만으론 알기 어려우니, 현직자들을 많이 만나서 최대한 정보를 얻으라고 말씀드리고 싶어요. 저는 그 방법으로 CP Team 활동에 적극 참여했습니다. 서울시청에서 400명 이상의 청중들 앞에서 공개 면접을 보기도 했습니다. 취준생의 입장에서 직접 채용을 담당하는 채용 팀장님께 면접 피드백을 들을 수 있는 기회는 많지 않습니다. 저는 모의면접 후 GE 채용 팀장님께 가서 저의 개선점을 여쭤봤습니다. 여기서 저는 면접에 대한 '감'을 확실히 잡았습니다.

400명 앞에서 공개적으로 평가받는 일이 많이 긴장되고 어렵습니다. 하지만 그런 어려움을 피하고 안전지대에만 머무른다면 몸은 편할지언정 자기발전은 없다고 생각합니다. 공개 면접, 외부 활동을 하면 자기발전의 기회가 많으니 직접 경험해보면 좋겠습니다.

토요타

CP Team 9기 신＊＊입니다. 1년 반 동안 취업 준비를 하며 좋은 결과를 낼 수 있었던 것은 높은 자존감과 좋은 타이밍 덕분이었습니다. 당장의 현실에 타협하기보다는 계속해서 좋은 회사에 구직을 시도했고 결실을 맺었습니다.

저는 지방 국립대 기계공학과에서 학점 3.41점으로 졸업했습니다. 4학년 2학기 하반기부터 취업을 준비했고, 특별하게 외국계 기업을 목표로 하지는 않았습니다. 처음엔 마음에 드는 회사만 골라 입사 지원을 했고, 목표했던 대기업에서 서류부터 탈락하며 자존감이 바닥을 쳤습니다. 그러던 중 한 외국계 기업의 면접을 보게 됐고, 첫 면접에서 기업에 대한 조사만 철저히 하고 정작 제 자신에 대한 답변을 준비하지 못해 탈락하게 되었습니다. 아쉬움은 미련으로 남았습니다. 이후 외국계 기업에 대한 관심이 생겨 CP Team의 외국계 기업 취업 콘서트에 참가하게 되었습니다.

김조엘 대표님의 추천으로 외국계 자동차회사 세일즈 인턴 면접을 보고 그렇게 처음 사회생활을 시작했습니다. 5개월간 인턴을 하면서 취업 준비를 계속했기 때문에, 세일즈 업무에 집중하면서도 다른 직무는 어떤 일을 하는지, 수입차 프로세스는 어떻게 돌아가는지 등을 계속해서 생각했습니다. 이런 과정에서 자동차에 대한 관심이 커져갔고, 산업에 대한 자신감이 생겼습니다.

자연스럽게 토요타에 지원했고, 면접까지 보게 되었습니다. 회사가 원하는 인재상은 제너럴리스트Generalist였고, 제가 지금까지 한 경험을 어필하기에 좋은 기회였습니다. 수입차 프로세스를 알고 있다는 점과 자동차 정비소에서 인턴을 한 경험 등 자동차 산업에서 겪은 많은 경험을 어필해 좋은 결과를 낼 수 있었습니다. 지방대 공대생으로 서울에서, 그것도 엔지니어가 아닌 일반 직무로 일하기 위해 포기하지 않고 도전하니 만족할 수 있는 결과를 만들어낸 것 같습니다.

바스프

저는 바스프의 촉매팀에 인턴으로 소속되어 있으며 실내 공기질 개선을 담당하고 있습니다. 교환학생 시절, 외국계 기업에 취업하고 싶다는 목표를 세웠지만 주변에 외국계 기업에서 종사하시는 분들이 없어서 막막했습니다. 이력서는 어떻게 작성하고, 어떻게 인턴과 취업을 공략하는지에 대한 정보를 얻기가 어려웠죠. 김조엘 대표님을 통해 '서울시일자리센터'에서 그룹 멘토링을 받게 되었습니다.

다양한 글로벌 기업에서 오신 멘토님들께서 제 이야기에 공감해주고 다양한 조언들을 해주셨습니다. 중랑구 취업 과외도 신청해 한 번도 빠짐없이 참석했고 IBM, 현대기아차, 오라클에 종사하는 멘토님들과 꿈에 대한 이야기를 나누기도 하고, 이력서 작성법과 면접 태도 등 취업 전략들을 알려주셨습니다. 멘토링을 하고 난 뒤에는 개인 블로그에 멘토링 내용을 정리해두었습니다.

대학교에 재학 중이어서 인턴 정보를 열심히 찾아보았고, 멘토님들께는 이력서와 커버레터 첨삭을 부탁했습니다. 그렇게 서류전형을 통과하고 최종 면접까지 합격할 수 있었습니다. 공공기관에서도 인턴을 해보았지만 외국계 기업의 인턴은 많이 달랐습니다. 공공기관에서 주어지는 일과는 양과 질이 다르고, 사내 분위기도 많이 다릅니다. 이곳에서 열심히 배우고 다양한 경험을 많이 하여 성장할 수 있을 것 같습니다. 저와 비슷한 꿈을 꾸는 모든 분들을 응원합니다!

에스에이피

CP Team 9기 마케팅팀에서 활동했던 이**입니다. 저는 정치외교학을 전공했으며, 자신감이 너무 낮아 그룹 멘토링에 참여해도 질문 한 번 못하던 학생이었습니다. 취업에는 핸디캡으로 작용했던 전공과 낮은 자신감을 극복하고 취직할 수 있었던 것은 멘토님들로부터 받은 영감과 정보, 취직 공부 덕분이었습니다.

현직자들과 소통하다 보면 온라인으로 검색되지 않는 독특하고 다양한 정보와 직무를 알게 됩니다. 소프트웨어에 대해 전혀 몰랐던 문과생이 에스에이피라는 IT기업에 지원하게 된 이유도 저와 맞는 직무가 있다는 것을 알게 되었기 때문입니다. 현직자를 통해 실무자가 어떤 일을 하는지 배우고, 전에 몰랐던 직무 또는 관심 분야에 대해 세세하게 알 수 있습니다. 지원서를 쓸 때나 면접을 볼 때 직무를 잘 알아야 합격 확률이 더 높아지니까요.

그리고 멘토님들과 함께하면 혼자가 아니라는 것만으로도 큰 위로가 됩니다. CP Team 친구들과 각각의 강점을 발휘하여 마케팅 활동을 하면서 대규모 행사에서 팀워크를 선보여 멋진 결과물을 낼 때마다 조금씩 자신감을 키워갔습니다. 여러 활동을 통해 직무를 공부하고 친구들, 멘토님들과 친해지면 시도해보지도 않고 처음부터 두려워 할 필요가 없다는 생각도 들었습니다.

에스에이피에서 서류가 통과되고, 갑작스럽게 면접 일자가 잡

했을 때도 현직자 분들에게 조언을 구했습니다. 면접관의 시각에서 면접을 준비하는 법 등 면접의 특성을 이해하는 데 도움이 되었습니다. 혼자 취직을 준비하는 게 외롭다면 조금만 용기를 내 좋은 공동체에서 함께 구직 활동을 하는 것도 취업 스킬이라고 생각합니다.

김관민(Barry Kim)
(현)세계 최대 글로벌 IT기업 G사 기술지원
(현)코리아어스 비전Korea-US Vision 협회이사
(현)웨스트 프로그램WEST Program 동문회장
(전)다크 트레이스 영업총괄
(전)아마존웹서비스 영업지원
(전)풀브라이트 장학사업 국제컨벤션 기획총괄
Email: kwanmin.kim1212@gmail.com

김익수(East Kim)
(현)미국 최대 전자상업&IT기업 A사 엔지니어
Email: kixx8828@gmail.com

김지윤(Sarah Kim)
(현)세계 최대 글로벌 미디어기업 D사
(전)한솔섬유 해외영업 언더아머팀 담당
(전)대한무역진흥공사, 코트라 해외시장조사팀 인턴
Email: jy_304@naver.com

문영웅(Young Mun)
(현)미국 최대 글로벌 제조기업 M사 영국지사 근무
(전)M사 아시아 포트폴리오 매니저, 한국 컨슈머 사업본부 팀장
LG인화원 강의
이화여대 경영학부 산학연계 마케팅 강의, 서강대 특강
Email: heromun@gmail.com

이승범(Kay Lee)
(현)독일 최대 글로벌 전자&제조기업 S사
(전)독일계 제조기업 B사 구매팀 과장
(전)터치 센서 제조기업 ELK 개발부 주임
Email: acht84@gmail.com

신주원(Aaron Shin)
(현)미국 글로벌 부동산 컨설팅기업 C사 인사부장
(현)성균관대학교 경영대학원 조직인사전공 박사과정
(전)아디다스코리아 인사부장
(전)ABB코리아 인사과장
20개 이상 대학에서 취업 및 영어 모의면접 강의 8년
Email: whyjwshin@naver.com
Instagram: aaronjwshin

김수진(Susan Kim)
(현)로킷헬스케어 인사총괄
(전)한독 HR디렉터
(전)피자헛코리아 인사총괄
(전)맥쿼리증권 인사 매니저
(전)스탠다드차타드은행 인사 매니저
Email: sujin.sj.kim@gmail.com

이규현(Aaron Lee)
(현)세계 최대 스포츠용품 제조기업 N사 비즈니스 플래너
(전)휠라코리아 영업
(전)신한카드 기획팀
Email: leekh052@gmail.com

조세협(John Cho)

(현)아시아 최대 글로벌 뷰티기업 A사 채널교육팀
(전)A사 사내전문 강사(신입사원 교육)
(전)LG그룹 마케팅팀
이화여대, 경희대 등 20여 개 대학 강의
'연합뉴스TV' 한국직무방송 패널
Email: josse82@naver.com
KakaoTalk: josse82

권진환(Brian Kwon)

(현)북미 글로벌 생명과학기업 T사 영업관리 및 전략 매니저
(현)서강대 MBA/ HBR 자문위원
(전)보스톤 사이언티픽 마케팅 매니저
(전)슈나이더일렉트릭 커머셜 혁신 매니저, 전략 마케팅 매니저, 재단대표
(전)오라클 시니어 영업관리 분석가
(전)델 재무기획, 영업관리, 영업기획, 세그먼트 마케팅
Email: brian.kwon.99@gmail.com
LinkedIn: kr.linkedin.com/in/brian-kwon
Facebook: www.facebook.com/brian.kwon.35

최윤성(Leon Choi)

(현)세계 최대 글로벌 HR솔루션기업 아데코코리아 이사
(현)비즈니스 개발 디렉터, 해외취업부 디렉터, HR컨설팅 서비스 디렉터
(전)위드스태프WithStaff 전략기획실장
(전)효성ITX 컨설팅팀 통계 담당
Email: Leon999@naver.com
KakaoTalk: Leon999

조윤성(Brian Cho)
(현)로킷헬스케어
(전)IBM
Email & KakaoTalk: ys.enlightening@gmail.com
Instagram: creativeys
LinkedIn: Brian. Y. Cho

원재은(Michelle won)
(현)세계 최대 글로벌 맥주 제조기업 A사 사내소통팀장
(전)A사 인사팀 과장
(전)국내 모 식품 대기업 교육팀 대리
고려대, 서울여대 등 10개 대학 강의
Email: deeperence@naver.com

김조엘(Joel Kim)
(현)큐리아서티 프로젝트팀 대표
(현)K-move 미국 멘토, 한국장학재단 차세대 리더 멘토
(현)서울대, 연세대, 고려대 등 40개 대학 강연, CJ, 현대모비스 등 10개 기업 강연, 코트라, 한국무역협회, 서울시, 부산시, 대전시, 국회의사당, 고용노동부 인천지청 등 50개 지자체, 기관 강연
Email: kimjoel14@daum.net

이곳에 멘토의 사인을 받으면서 자연스럽게 궁금한 것들을 질문해봐요.

"당신의 꿈을 응원합니다."

글로벌 기업은 성적표를 보지 않는다

2020년 7월 15일 초판 1쇄 발행

지은이·큐리아서티 프로젝트팀
펴낸이·김상현, 최세현 | 경영고문·박시형

책임편집·김유경 | 디자인·정아연
마케팅·양근모, 권금숙, 양봉호, 임지윤, 조히라, 유미정
경영지원·김현우, 문경국 | 해외기획·우정민, 배혜림 | 디지털콘텐츠·김명래

펴낸곳·㈜쌤앤파커스 | 출판신고·2006년 9월 25일 제406-2006-000210호
주소·서울시 마포구 월드컵북로 396 누리꿈스퀘어 비즈니스타워 18층
전화·02-6712-9800 | 팩스·02-6712-9810 | 이메일·info@smpk.kr

ⓒ 큐리아서티 프로젝트팀 (저작권자와 맺은 특약에 따라 검인을 생략합니다)
ISBN 979-11-6534-191-6 (03320)

쌤앤파커스(Sam&Parkers)는 독자 여러분의 책에 관한 아이디어와 원고 투고를 실레는 마음으로 기다리고 있습니다. 책으로 엮기를 원하는 아이디어가 있으신 분은 이메일 book@smpk.kr로 간단한 개요와 취지, 연락처 등을 보내주세요. 머뭇거리지 말고 문을 두드리세요. 길이 열립니다.